世界上没有沟通不了的客户

江华　著

台海出版社

图书在版编目（CIP）数据

世界上没有沟通不了的客户 / 江华著 . -- 北京：台海出版社，2017.5

ISBN 978-7-5168-1422-2

Ⅰ . ①世… Ⅱ . ①江… Ⅲ . ①推销心理学—通俗读物 Ⅳ . ① F713.55

中国版本图书馆 CIP 数据核字（2017）第 109462 号

世界上没有沟通不了的客户

著　　者：江　华

责任编辑：高惠娟　　　　策划编辑：卜　卜
装帧设计：翌　晨　　　　责任印制：蔡　旭

出版发行：台海出版社
地　　址：北京市东城区景山东街 20 号，邮政编码：100009
电　　话：010－64041652（发行，邮购）
传　　真：010－84045799（总编室）
网　　址：www.taimeng.org.cn/thcbs/default.htm
E－mail：thcbs@126.com

印　　刷：北京嘉业印刷厂
开　　本：710 毫米 ×1000 毫米　1/16
字　　数：318 千
印　　张：18
版　　次：2017 年 7 月第 1 版
印　　次：2017 年 7 月第 1 次印刷
书　　号：ISBN 978-7-5168-1422-2
定　　价：39.80 元

序言：把梳子卖给和尚

沟通是人们之间最常见的活动之一，是指人与人之间为了达成一个共同的目标而互相传递思想、情感和信息的过程。

销售工作的首要任务就是沟通，如果没有沟通，销售就没有希望，产品也没有希望。从销售的过程来看，沟通存在于约见之前的自我介绍，存在于约见时的相互了解，存在于谈判过程中的你来我往，存在于成交之后的继续联系。可以这样说：只要人类存在，就需要消费；只要有消费，就需要产品；只要有产品，就会有客户；只要有客户，就需要沟通。

美国一项调查表明，通常情况下，那些金牌销售员的业绩是一般销售员业绩的200~300倍。在很多企业里，80%的业绩是由20%的销售员创造的，而这20%的人并非一个个都能言善辩，也并非都是帅哥美女，唯一的相同点就是他们能洞悉客户的心理，懂得和客户沟通的方法。

全球知名成功学家戴尔·卡耐基说：“销售，是一门沟通的艺术，沟通贯穿于销售的始终，沟通的成败决定着销售的成败。掌握销售沟通术，让你洞察客户内心，赢得销售机会。”

美国人寿保险公司的创始人弗兰克·贝特格说："有些销售员之所以失败，是因为他们根本不知道什么是销售的关键点。其实关键点很简单，就是：客户最基本的需求或最感兴趣的细节。"

营销行业有一句名言："世界上没有卖不出去的产品，只有卖不出去产品的人。"尽管现在的竞争越来越激烈，客户越来越挑剔，市场越来越狭小，但只要相信，世上没有解决不了的问题，只要客户有需求，天下就没有卖不出去的东西。

美国有一个"把斧子卖给总统"的故事，想必很多营销界的人都听说过；同样，中国也有一个"把梳子卖给和尚"的故事。

有一家效益相当好的大公司，决定进一步扩大经营规模，高薪招聘营销主管。广告一打出来，报名者云集。

面对众多的应聘者，招聘工作的负责人出了一道测试题：以比赛的方式推销100把"奇妙聪明梳"，并且把它们卖给一个特别指定的人群——和尚。

绝大多数应聘者感到困惑不解，甚至愤怒：出家人剃度为僧，要木梳有何用？这岂不是神经错乱，故意刁难人吗？过一会儿，应聘者接连拂袖而去，几乎散尽。最后只剩下甲、乙、丙三位应聘者。

一个星期的期限很快就到了，三人回公司汇报各自的销售成果。甲先生仅仅卖出去一把，乙先生卖出去10把，丙先生居然卖出去了1000把。同样的条件，为什么结果会有这么大的差异呢？负责人请他们谈谈各自的销售经过。

甲先生说，他跑了三座寺院，受到了无数次和尚的责骂和追打。好在下山途中遇到一个小和尚，一边晒着太阳一边使劲挠着又脏又厚的头皮。甲灵机一动，赶忙递上了木梳，小和尚用后满心欢喜，于是买下一把。

乙先生说，他去了一座名山古寺。由于山高风大，进香者的头发都被吹乱了。乙找到了寺院的住持说："蓬头垢面是对佛的不敬。应在每座庙的香案前放把木梳，供善男信女梳理鬓发。”住持采纳了乙的建议。那山共有10座庙，于是住持买下10把木梳。

丙先生说，他来到一个颇具盛名、香火极旺的深山宝刹，朝圣者如云，施主络绎不绝。丙对住持说："凡来进香朝拜者，多有一颗虔诚的心，宝刹应有所回赠，以作纪念，保佑其平安吉祥，鼓励其多做善事。我有一批木梳，您的书法超群，可先刻上'积善梳'三个字，然后便可做赠品。"住持大喜，立即买下1000把木梳，并请丙小住几天，共同出席了首次赠送"积善梳"的仪式。

由此可见，产品难以卖出去，问题的关键不在于客户，而在于销售员，在于销售员没有找到正确的推销方法，没有取得沟通的主动权，没有把握住销售的契机。

销售是一项成就自我、服务别人的伟大事业，世界上80%的百万富翁都是从销售员做起的，奥格·曼迪曼、乔·吉拉德、博恩·崔西、原一平、李嘉诚、王永庆等，他们用自己的勤劳和智慧书写了一个又一个推销神话，并给我们留下了珍贵的理论知识与成功经验。

阿基米德说："只要给我一个支点，我就可以撬动整个地球。"对于销售员来说，这本书就是你的支点。本书以沟通为基础，结合一些经典的小故事，以通俗易懂的语言，为销售员提供了一套简单方便、行之有效的提升销售业绩的方法。希望通过本书的学习，使你早日摆脱平庸，从中国8000万销售员中脱颖而出，成为一名金牌销售员。

第一章　销售人员应该具备的9个心态

第二章　好的开场白是成功的一半

第三章 倾听就是销售力

第四章 让客户“恋”上你的产品

第五章 成功说服客户的8条金科玉律

第六章　不懂心理学，怎么做销售

第七章　金牌销售的5大法宝

第八章　把微笑和赞美进行到底

第九章 小动作“出卖”客户大心理

第十章 用人情留住客户的心

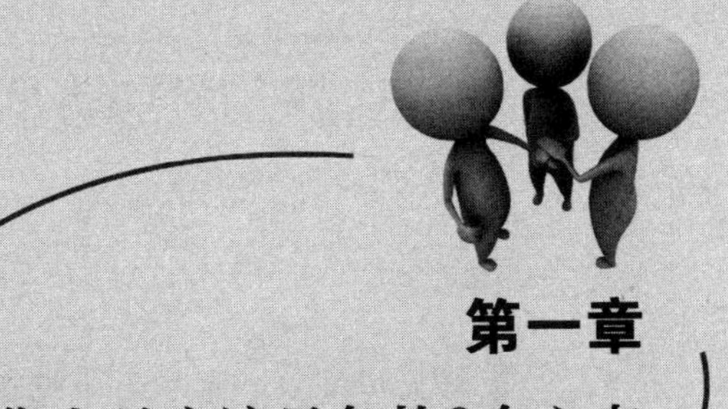

第一章 销售人员应该具备的9个心态

俗话说："心态决定命运。"做销售，最重要的就是心态。供职于同一家公司的销售员，拥有同样的产品、同样的知名度、同样的24小时，为什么收入却千差万别？差别在于心态！

销售业绩的转变来源于销售员心态的转变，只有突破旧的思维模式，转变消极的心态，才能激活自我，更快地步入成功者行列。

世界上没有沟通不了的客户——自信

很多人可能打心眼里看不起销售员，认为他们是靠“油嘴滑舌”混饭吃的。其实不然，销售是一项非常崇高的职业，与其他行业一样，只是具体工作内容不同。销售员不是把产品或服务强加给别人，而是帮助客户解决问题，最大限度地为客户提供方便。

作为一名销售员，最基本的要求就是一定要以一种端正的心态来面对你所从事的职业，最忌讳的就是在客户面前表现得唯唯诺诺、卑躬屈膝。如果你连自己都看不起，别人又怎么会看得起你和你的产品呢？

莎士比亚曾说：“自信是走向成功之路的第一步，缺乏自信是失败的主要原因。”自信是成功的前提，一个人如果没有了自信，自己首先就贬低了自身的存在价值；相反，那些具有自信心的人，都是生活中的强者。可以这样说：“拥有自信，就拥有了成功的一半。”

古希腊的大哲学家苏格拉底在临终前有一个不小的遗憾——他多年的得力助手，居然在半年多的时间里没能给他寻找到一个最优秀的闭门弟子。

事情是这样的：苏格拉底在风烛残年之际，知道自己时日无多了，就想考验和点化一下他的那位平时看来很不错的助手。

他把助手叫到床前说：“我的蜡烛所剩不多了，得找另一根蜡烛接着点下去。你明白我的意思吗？”

“明白，”那位助手赶忙说，“您的思想光辉是得很好地传承下去……”

“可是，”苏格拉底慢悠悠地说：“我需要一位最优秀的承传者，他不但要有相当的智慧，还必须有充分的自信心和非凡的勇气……这样的人选直到目前我还未见到，你帮我寻找和发掘一位，好吗？”

“好的，好的。”助手很温顺、很郑重地说：“我一定竭尽全力地去寻找，以不辜负您的栽培和信任。”

苏格拉底笑了笑，没再说什么。此后，那位忠诚而勤奋的助手，就不辞辛劳地通过各种渠道开始寻找“最优秀的继承者”了。可他领来的人一位又一位，结果都被苏格拉底一一否定。直到苏格拉底眼看就要告别人世了，最优秀的人选还是没有眉目。助手非常惭愧，泪流满面地坐在苏格拉底病床边，语气沉重地说：“我真对不起您，令您失望了！”

“失望的是我，对不起的却是你自己，”苏格拉底说到这里，很失望地闭上眼睛，停顿了许久，才又不无哀怨地说：“本来，最优秀的就是你自己，只是你不敢相信自己，才把自己给忽略、给耽误、给丢失了……其实，每个人都是最优秀的，差别就在于如何认识自己、如何发掘和重用自己……”话没说完，一代哲人就永远离开了他曾经深切关注着的这个世界。

这个故事告诉我们，每个人都是优秀的，差别就在于你是不是够自信。自信是积极向上的产物，也是一种积极向上的力量。奥里森·马登说过这样一段耐人寻味的话：“如果我们分析一下那些卓越

人物的人格物质，就会看到他们有一个共同的特点：他们在开始做事前，总是充分相信自己的能力，排除一切艰难险阻，直到胜利！”

对于销售员来说，“自信”是一个必须强调的名词。“没有卖不掉的产品，只有卖不掉产品的人”，销售的过程就是说服客户购买的过程，销售员只有对自己充满自信，在客户面前才会表现得胸有成竹，才会感染、征服客户。

“世界上最伟大的销售员”乔·吉拉德，早年事业失败、负债累累，更糟糕的是，家里一点食物也没有，更别说提供养家人了。

他拜访了底特律一家汽车经销商，要求得到一份销售的工作。经理见吉拉德貌不惊人，并没打算留下他。

乔·吉拉德说：“经理先生，假如你不雇用我，你将犯下一生中最大的错误！我不要有暖气的房间，我只要一张桌子和一部电话，两个月内我将打破这里最佳销售人员的纪录，就这么约定。”

经过艰苦的努力，在两个月内，他真的做到了，他打破了该公司销售业绩纪录。

自信就是相信自己，一个连自己都不能相信的人，怎么能获得别人的信任呢？一位成功学家曾说：“你的成就大小，往往不会超出你自信心的大小。假如你对自己的能力没有足够的自信，你也不能成就重大的事业，不期待成功而能取得成功的先决条件，就是自信。”

大发明家爱迪生曾经尝试用1200种不同的材料做白炽灯泡的灯丝，都没有成功。有人批评他：“你已经失败了1200次了。”可是爱迪生不这么认为，他充满自信地说：“我的成功就在于发现了1200种材料不适合做灯丝。”

提高自信心是销售员获得成功的基本保证。自信的人总是镇定、从容、昂首挺胸、胸有成竹，给人一种愿意信赖的安全感。而对于销售员来说，给予客户这种自然而然的安全感是开启成功大门的金钥匙。

有一位销售员，年营业额从四万美元一下子爬升到十余万美元，很多人羡慕之余纷纷向他请教。

他笑着回答说，那是因为他听了一个故事，才使得业绩成倍增长。接着他给人们讲了这么一个故事：

有人曾经做过这样一个实验：他往一个玻璃杯里放进一只跳蚤，发现跳蚤立即轻易地跳了出来。再重复几遍，结果还是一样。一测试，原来跳蚤跳的高度一般可达它身体的400倍左右。

接下来实验者再次把这只跳蚤放进杯子里，不过这次不同的是在杯上加一个玻璃盖，“嘣”的一声，跳蚤重重地撞在玻璃盖上。跳蚤十分困惑，但是它不会停下来，因为跳蚤的生活方式就是“跳”。一次次被撞，跳蚤开始变得聪明起来了，它开始根据盖子的高度来调整自己跳的高度。再一阵子以后呢，发现这只跳蚤再也没有撞击到这个盖子，而是在盖子下面自由地跳动。

一天后，实验者又把这个盖子轻轻拿掉了，它还是在原来的这个高度继续地跳。三天以后，他发现这只跳蚤还在那里跳。

一周以后发现，这只可怜的跳蚤还在这个玻璃杯里不停地跳着，其实它已经无法跳出这个玻璃杯了。

这位销售员说：“人也一样。不少人准备做一件伟大的事情，或打破某个纪录或做出一项破天荒的创举。刚开始时，他们的梦想十分远大，但是在生活的道路上，并不是时时刻刻都能随心所欲，一定会有碰壁的时候。一旦碰壁了，心情难免沮丧、低落，亲友或同事们的消极批评，更容易使自己受到影响，于是，他开始认为自己所定的目标超过了自己的能力。于是便认为自己能力不足，净为自己找失败的借口，就像跳蚤主动降低自己的跳跃能力一样，想成功自然是不可能的了。”

"只有从'爬蚤'中受到启示，给自己设定一个目标，每当遇上瓶颈，似乎'跳不出'时，就激励自己：'我一定要做真正的跳蚤，而不做爬蚤，我一定要打破纪录，成为世界上最优秀的销售员。'这样就一定能创造一番惊人的业绩！"

这位优秀的销售员是这样说的，更是这样做的。他要求自己每天都要卖出三百五十美元的商品，这种决心使得他的生意在一年之内比他的同事增加了三倍。不仅如此，他还应用了这些"目标达成"和"跳蚤"原理，一举成为美国著名的演说家和销售训练员之一。

作为一名优秀的销售员要学的东西很多，但如果没有"自信"这一前提，不管他的口才有多好，多么优秀，都很难把产品卖出去。当你和客户面谈时，你在言谈举止间若能流露出充分的自信，就会赢得客户的信任，而信任则是客户购买你产品的关键因素。所以，如果你想成为一名优秀的销售员，那么就必须时刻保持自信。拥有了自信，你自然就拥有了一股"不达目的誓不罢休"的气势。坚持下去，胜利必将属于你！

做销售要有强烈的野心——成功的欲望

成功的人都拥有相同的特质，他们拥有强烈的野心。古罗马的皇帝和哲学家说：“一个人的价值永远超不出他的野心。”可见，野心并不是贬义词，它是人们对美好事物的追求，是健康性格的特征之一，代表着大无畏的精神。

作为一名成功的销售员，必须要有强烈的野心，即成功的欲望。成功的欲望源自你对财富的渴望，对家庭的责任，对自我价值实现的追求。

如果一个人对成功的欲望太小，他就无法面对残酷的现实和自身的缺点，从而止步不前。而那些发誓一定要出人头地的人，他们往往拥有无比的自信和坚韧的毅力，所以能排除万难，坚持到底，直至取得成功。

不断增强你追求成功的欲望，有时候能产生不可思议的效果，化不可能为可能。所以一些金牌销售员在获得成功后往往会说：“我也没有想到自己居然这么厉害。”

巴拉昂是一位年轻的媒体大亨，推销装饰肖像画起家，在不到十年的时间里，迅速跻身于法国五十大富翁之列。1998年因前列腺癌，

在法国博比尼亚医院去世。临终前，他留下遗嘱，把他四亿六千法郎的股份捐献给博比尼亚医院，用于前列腺癌的研究，另有一百万法郎作为奖金，奖给揭开贫穷之谜的人。

巴拉昂去世后，法国《科西嘉人报》刊登了他的一份遗嘱。他说，我曾经是一个很穷、很穷的穷人，去世时却是以一个富人的身份走进天堂的。在跨入天堂的门槛之前，我不想把我成为富人的秘诀带走，现在这个秘诀就锁在法兰西中央银行我的一个私人保险箱里，保险箱的三把钥匙在我的律师和两位代理人手中。谁要是能通过回答穷人最缺少的是什么，而猜中我的秘诀，他将能得到我的祝贺。当然，那时我已无法从墓穴中伸出双手为他的睿智而欢呼，但是他可以从那只保险箱里，荣幸地拿走一百万法郎，那就是我给予他的掌声。

这份遗嘱刊出之后，《科西嘉人报》收到大量的信件，有的骂巴拉昂疯了，有的说《科西嘉人报》为提升发行量在炒作，但是多数人还是寄来了自己的答案。

绝大部分人认为，穷人最缺少的是金钱，穷人还能缺少什么？当然是钱了，有了钱，就不再是穷人了。还有一部分人认为，穷人最缺少的是机会。一些人之所以穷，就是因为没遇到好时机，股票疯涨前，没有买进，股票疯涨后，没有抛出，总之，穷人都穷在背时上。

另一部分人认为，穷人最缺少的是技能。现在能迅速致富的都是有一技之长的人。还有的人认为，穷人最缺少的是帮助和关爱。另外还有一些其他的答案，比如：穷人最缺少的是漂亮，是皮尔·卡丹外套，是《科西嘉人报》，是总统的职位，是沙托鲁城生产的铜夜壶等等，总之，五花八门，应有尽有。

巴拉昂逝世周年纪念日，律师和代理人按巴拉昂生前的交代在公证部门的监视下打开了那只保险箱，在48561封来信中，有一位叫蒂勒的小姑娘猜对了巴拉昂的秘诀。蒂勒和巴拉昂都认为穷人最缺少的是野心，也就是成为富人的野心。在颁奖的时候，《科西嘉人报》带着所有人的好奇，问年仅9岁的蒂勒，为什么想到是野心，而不是其他的。蒂勒说："每次，我姐姐把她11岁的男朋友带回家时，总是警告我说不要有野心！不要有野心！我想也许野心可以让人得到自己想得到的东西。"

巴拉昂的谜底和蒂勒的回答见报后，引起不少的震动，这种震动甚至超出法国，波及英美。后来，一些好莱坞的新贵，和其他行业几位年轻的富翁就此话题接受电台的采访时，都毫不掩饰地承认：野心是永恒的特效药，是所有奇迹的萌发点；某些人之所以贫穷，大多是因为他们有一种无可救药的弱点，即缺乏野心。

一个销售员如果不能具备强烈的野心，那么他只能沦为平庸之辈，而与之相对应的产品则会呈现逐渐下滑以致退出市场的悲惨境地。事实上，一个销售员的行为源自他的思想和野心，可以这样说，野心有多大，舞台便有多大。

原一平，不到1.5米的身高，却连续16年荣登推销业绩全国第一宝座，创下世界推销最高纪录20年未被打破。他是日本历史上最为出色的保险销售员，被誉为"推销之神"。

27岁那年，原一平揣着自己的简历，走入了明治保险公司的招聘现场。一位刚从美国研习推销术归来的资深专家担任主考官。他瞟了一眼面前这个貌不惊人的小伙子，抛出一句硬邦邦的话："你不能胜任。"

原一平惊呆了，好半天回过神来，结结巴巴地问："何……以见得？" 主考官轻蔑地说："老实对你说吧，推销保险非常困难，你根本不是干这个的料。" 原一平被激怒了，他头一抬："请问进入贵公司，究竟要达到什么样的标准？""每人每月10000元。""每个人都能完成这个数字？" "当然。" 原一平不服输的劲儿上来

了，他一赌气："既然这样，我也能做到10000元。"

原一平"斗胆"许下了每月推销10000元的诺言，但是并没有得到主考官的青睐，勉强当了一名"见习销售员"。然而，在他当"见习销售员"的头半年里，他没有为公司拉来一份保单。他没钱租房，就睡在公园的长椅上；没钱吃饭，就去吃饭店专供流浪者的剩饭；没钱坐车，就每天步行去要去的地方。

然而，这一切都没有使原一平退却。他把应聘那天的屈辱，看作一条鞭子，不断"抽打"自己，整日奔波，拼命工作，为了不使自己有丝毫的松懈，他经常对着镜子，大声对自己喊："全世界独一无二的原一平，有超人的毅力和旺盛的斗志，所有的落魄都是暂时的，我一定要成功，我一定会成功。"他明白，此时的他已不再是单纯地推销保险，他是在推销自己。他要向世人证明："我是干推销的料。"

他依旧精神抖擞，每天清晨5点起床从"家"徒步上班。一路上，他不断微笑着和擦肩而过的行人打招呼。而且，他的微笑永远是那样的由衷和真诚，让人看上去是那么精神抖擞，充满信心。

有一天，一个常去公园的大老板对原一平的微笑产生了兴趣。他不明白一个吃不饱饭的人怎么还会如此快乐。他提出请原一平吃一顿好饭，可被原一平拒绝了。他请求这位大老板买他的一份保险，于是，原一平有了自己的第一笔业务。这位大老板又把原一平介绍给商界的朋友。原一平的自信和微笑感染了越来越多的人，最终成为日本历史上签下保险金额最多的保险销售员。

原一平成功了，他的微笑被称为"全日本最自信的微笑"。

原一平的故事告诉我们，成功属于每一个人，它跟一个人的身份、地位没有任何关系。"一人立志，万人莫敌。"拥有野心，就等于一个人拥有了足够的自信。自信是成功的第一秘诀，不凡的信心，能使平凡的人们，做出惊人的事业。

推销任何产品说到底其实就是推销自己，只要相信自己，相信自己的产品，你就会充满力量，而这种力量可以动摇客户的欲望，进而选择你的产品。所以，想要成为一名伟大的销售员，就必须要有无与伦比的野心。这样，你不但能轻松地完成自己的工作，还能在工作中升华自己。

世界上所有的奇迹都是由人创造的，那些创造奇迹的人无一例外都有着强烈的野心。很多事情看起来好像很困难，但只要你把“我不能”变成“我一定能”、“我一定要”，全力以赴并坚持到底，就没有克服不了的困难。

唤醒内心深处的神——激情

激情，就是一个人保持高度的自觉，就是把全身的每一个细胞都调动起来，完成他内心渴望完成的工作。激情不管是聚积于内，还是显露于外，都能激活身心的巨大潜力。

激情是开启销售之门的金钥匙。人们往往喜欢吃鸡蛋而不喜欢吃鸭蛋，并不是因为鸡蛋比鸭蛋好吃，而是因为鸡销售鸡蛋的热情比鸭子高出很多。当母鸡产蛋时，它会“咯咯”大叫，声音极其洪亮；而鸭子则不然，它往往只是“嘎”的一声短叫后便悄无声息了。

激情也是一种态度的体现，销售员有激情，也会带动客户的购买激情。所以，销售员应该如同太阳一样，能活跃气氛、温暖人心、融化客户的冷漠拒绝、唤起客户的信任与好感。

比尔·盖茨有句名言：“每天早晨醒来，一想到所从事的工作和所开发的技术将会给人类生活带来巨大的影响和变化，我就会无比兴奋和激动。”比尔·盖茨的这句话阐释了他对工作的激情。

宇田川是派希公司的一名低级职员，他的外号叫“奔跑的鸭子”。因为他总像一只笨拙的鸭子一样在办公室飞来飞去，即使是职位比宇田川还低的人，都可以支使宇田川去办事。

后来宇田川被调入了销售部。有一次，公司下达了一项任务：必须在本年度完成500万美元的销售额。销售部经理认为这个目标是不可能实现的。私下里他开始怨天尤人，并认为老板对他太苛刻。只有宇田川一个人在拼命地工作，到离年终还有一个月的时候，宇田川已经全部完成了他自己的销售额。但是其他人没有宇田川做得好，他们只完成了目标的50%。

经理主动提出了辞职，宇田川被任命为新的销售部经理。“奔跑的鸭子”宇田川在上任后的一个月里，投入忘我地工作。他的行为感动了其他人，在年底的最后一天，他们竟然完成了剩下的50%。

不久，派希公司被另一家公司收购。当新公司的董事长第一天来上班时，他亲自点名并任命宇田川为这家公司的总经理。因为在双方商谈收购的过程中，这位董事长多次光临派希公司，这位“奔跑”的宇田川先生给他留下了深刻的印象。

“如果你能让自己跑起来，总有一天你会学会飞翔。”这是宇田川传授给他新下属的一句座右铭。良好的精神面貌如同一块有力的磁石，会像鲜花吸引蝴蝶一样，把他人吸引到自己身边来。

卡耐基把激情称为“内心的神”。他说：“一个人成功的因素很多，而居于这些因素之首的就是激情。没有它，不论你有什么能力，都发挥不出来。”一位微软人也说：“没有工作激情，你在和客户交流的时候就很难说服他们。这种激情就来自于某种内在的东西。在微软工作，激情与聪明同等重要。”有了工作激情，才会有工作成果。激情是一种力量，能推动人们不断前进，并影响和感染周围的人。

弗兰克·贝特格是一个颇有传奇色彩的人。29岁时，贝特格是个失败的销售员；但到了40岁，他成为美国收入最高的销售员，拥有一整片郊区房地产，成为美国顶尖保险业务员。在晚年，他写了《成功推销改变了我一生》一书，在书中，他向我们充分诠释了激

情的重要性：

“在我刚转入职业棒球界不久，我就遭到了有生以来最大的打击——我被开除了。理由是我打球时无精打采。老板对我说：‘弗兰克，离开这儿后，无论你去哪儿，都要振作起来，工作中要有生气和激情。’这是一个重要的忠告，虽然代价惨重，但还不算太迟。于是，当我进入纽黑文队时，我下定决心在这里一定要成为联赛中最有激情的球员。”

“从此以后，我在球场上就像一个充足了电的勇士。掷球是如此之快、如此有力。在烈日炎炎下，为了赢得至关重要的一分，我在球场上奔来跑去，完全忘了这样会很容易中暑。第二天早晨的报纸上赫然登着我们的消息，上面是这样写的：这个新手充满了激情并感染了我们的小伙子们。他们不但赢得了比赛，而且看来情绪比任何时候都好。并称我是队里的‘灵魂’。”

“退出职业棒球队之后，我去做人寿保险推销工作。在经历了十个月令人沮丧的销售员生活之后，卡耐基先生的一席话让我如梦初醒。他对我说：‘弗兰克，你毫无生气的言谈怎么能使大家感兴趣呢？’于是，在以后的日子我决定以我加入纽黑文队打球时的激情投入到推销的工作中来。有一天，我进了一个店铺，鼓起了我的全部激情去试图说服店铺的主人买保险。也许他从未遇到过如此有激情的销售员，只见他挺直了身子，睁大眼睛，一直听我把话说完，最终他没有拒绝我的推销，买了一份保险。从那天开始，我真正地展开了推销工作。在12年的推销生涯中，我目睹了许多的销售员依靠激情成倍地增加收入，同样也目睹更多人由于缺少激情而一事无成。”

可以说，弗兰克·贝特格之所以在事业上能够有所成就，与其说是取决于他的才能，不如说是取决于他的激情。激情是工作的灵魂，当你满怀激情地工作时，往往是不知道累，也不知道饿的，工作时间虽长，感到的却是一种享受而不是压力。

著名推销大师齐格拉说：“你会由于过分热情而失去某一笔交易，但会因为不够热情而失去一百次交易。”世界寿险推销高手弗兰克·贝格也说：“我一直深信激情是销售成功的最大要素，也是唯一要素。”将激情运用在工作中，面对难缠的客户就会信心百倍，充满耐心；面对困境就会积极探索出路，绝不服输。

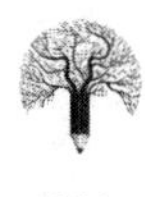

拜访量是销售工作的生命线——勤奋

一位知名的销售员曾用一句话总结他的经验："你要想比别人优秀，就必须坚持每天比别人多拜访五个客户。"

销售界有一个"六三一法则"，即销售业绩里面有60%的份额靠拜访量，30%的份额靠销售技巧，10%的份额靠运气。作为一个销售员，你可以不懂销售技巧，也可以缺乏销售经验，但你不能没有拜访量，没有拜访量，那其他的一切都是空谈。

一般情况下，很少有客户主动上门找你购买产品，所以，销售员必须经过不间断的拜访去寻找准客户。"拜访量定江山"一直是营销成功的第一要律。

乔·甘道夫是历史上第一位一年内销售额超过10亿美元的寿险大师。刚开始从事推销生涯，他便给自己制订了严厉的作息制度：每天5点起床，6点钟做完弥撒，就开始一天的工作，直到深夜10点。如果当天工作进展不好，就省掉一顿饭。由于他的努力，在第一星期就达到了92000美元的销售额。甘道夫恨不得把吃饭睡觉的时间都用来工作，他说："我觉得人们在吃睡方面花费的时间太多了，我最大的愿望就是不吃饭，不睡觉。对我来说，一顿饭若超过20分钟，就是浪费。"

吉尼斯世界纪录保险销售冠军，日本的柴田合子一个人的业绩可以抵上日本800多个保险业务员的总和，她每天的工作就是不停地见客户、拜访客户、销售保单、见客户、拜访、再拜访。

拜访量包含两个方面，一是数量，一是质量。数量表示你拜访的人越多，机会才会越多；而质量则表示你必须要“慧眼识英才”，比如这个客户你觉得会是准客户，你拜访的次数比你的竞争对手拜访的次数越多，在排除其他因素影响的情况下，那你成功的机会就越大。

销售是一场概率战，很少能一次成功，也不可能一蹴而就、一劳永逸。作为一名销售员，你一定要发扬“四千精神”：走千山万水、吃千辛万苦、说千言万语、想千方百计为拜访成功而努力付出。这样，你才能在困境中走出来，成为最后的胜利者。

安德森毕业于美国斯坦福大学，获得会计学士、企管硕士学位。毕业时，他应聘到了一家汽车公司担任会计的职务。每日机械性的重复劳动让安德森感到无比厌烦。后来，他辞职了。于是，他又开始了找工作，这次他下决心一定要找到自己喜欢的工作。

在重新找到工作之前，安德森的生活过得惨惨淡淡，他甚至连廉价的面包都买不起，在室友的建议下，每天煮一大锅绿豆汤，并且三餐不变地勉强度日。“当时，喝得脸都发绿了，后来，看到绿豆汤都想吐……”

应征了300多家公司，终于有一家股票投资公司的总经理留下了他，26岁的安德森总算找到了自己喜爱的工作。

他刚上班，老板让他找客户，规定他每天必须打500个电话。他早上6点上班，每天6点半进公司打第一通电话。面对客户的拒绝他没有放弃，他在办公桌上放一个鱼缸，打完一个电话就往里扔一枚硬币。打到499通的时候，他通常都看一下时间，很警觉性的说：“糟糕，现在几点了？啊！清晨两点半了。”每次打到最后一通的时

候，心跳就特别快，希望对方是个夜猫子，会接起他的电话。那时他讲话讲得太多了，牙齿常常咬到舌头，自己都不知道，已经麻木了，还在讲。

他经常打电话打到清晨两点半、三点钟，才打完500通电话。每天打完500个电话才让自己下班。当他回到小公寓的时候，他发现嘴角在流血，有时候左边嘴角流血，有时候右边嘴角流血，有时候双边嘴角都流血。

他的辛苦没有白费，真的拉来了客户。可是，客户一多起来，他的服务就跟不上了，推荐给他们的股票不会涨，这很伤脑筋。有时候，他说明天大盘指数会大涨，结果大盘指数大跌。这时，他觉得自己不仅要拉来客户，还得巩固客户，为此还得努力去研究股票，给客户最准确的信息和判断。

尽管他打完500个电话，已经累得精疲力竭了，倒头便想睡。可是，他凌晨回到家后还不能睡觉，还要跪在不足10平方米的公寓里画股票K线图，分析各种股票的走势，以便随时接受客户的咨询。他那个年代，那些图都是一笔一笔画出来的。画这些图形，又不能趴在地毯上画，因为地毯太软了，他就趴在公寓里厨房的地上画图。因为地面潮湿，长期跪在地上工作，两年后，他的左膝盖患上了严重的风湿病，一遇到变天就痛得要命，此后一直跟着他挥之不去。

他的刻苦换来了丰硕的成果。26岁才进入美国证券界，33岁时就已经是美国最大证券公司的副总裁。

此后，安德森开始四处演讲，做股市传教生涯。他的“投资热线”、“投资列车”等演讲活动，场场爆满，他也成了最忙的人，跑步去电视台赶场或许不算夸张，经常从这个电视台的直播室出来就进到那个电视台的化妆间。最让人瞠目的一个说法是，曾有一次因为听众太多，堵住门口，作为主讲人的安德森反而进不了会场。一些保险公司邀请他清晨5点演讲，他创下一天7场、一天演讲20个小时，平均每年讲1100场的记录。他每天只能睡3个小时，他的喉咙也曾因演讲过度而两次手术，继续讲，从而创下了连过年都讲4~5场，连续3年的演讲记录，至今无人能破。

很多销售员认为自己很努力工作便要求加薪，安德森会说："你很努力吗？可是，你并没有讲话讲到嘴巴流血呀。"

通过大量的拜访，把你对工作的热爱和追求传达给每一名客户，让他们受到你的感染和触动，这样，你才能收获越来越多的客户，工作业绩才能蒸蒸日上。

不必急于证明自己——谦虚

作为一名销售员，有自信是好事，但是自信过头，就变成了自负、自大，优点转眼之间就变成了缺点。过分夸耀的销售员更容易疏远客户而不是赢得他们的信赖，而那些金牌销售员大多是谦逊而温和的人。

营销是一门实践性很强的学问，要不断向比你优秀的人学习。作为一名销售新人，没有方向感是很正常的，但要学会尊重同事，虚心求教。俗话说："满招损，谦受益。"虚心请教别人，吸取别人的经验教训，你才能少走弯路，快速进步。

藏族有个俗话："谦虚石头凹之上，不漏智者功德水。"狂妄自大的人永远看不到别人的优点和学不到前辈圣贤智者的道德，就像凸起的石头上，放多少水也没有用。所以我们做任何事都要谦虚，不要自大。下面的这个故事就是最好的警示：

有一个博士到一家研究所工作，成了这个所里学历最高的一个人。有一天他到单位后面的小池塘去钓鱼，正好正副所长在他的一左一右，也在钓鱼。

"听说他俩也就是本科生学历，有啥好聊的呢？"这么想着，他只是朝两人微微点了点头。

不一会儿，正所长放下钓竿，伸伸懒腰，噌噌噌从水面上如飞似的跑到对面上厕所去了。

博士眼睛睁得都快掉下来了，“水上漂？不会吧？这可是一个池塘啊！”

正所长上完厕所回来的时候，同样也是噌噌噌地从水上漂回来了。

“怎么回事？”博士生刚才没去打招呼，现在又不好意思去问，自己是博士啊！

过一阵，副所长也站起来，走了几步，也迈步噌噌噌地漂过水面上厕所了。

这下子博士更是差点昏倒：“不会吧，到了一个江湖高手集中的地方？”

过了一会儿，博士也内急了。这个池塘两边有围墙，要到对面厕所非得绕十分钟的路，而回单位又太远，怎么办？

博士也不愿意去问两位所长，憋了半天后，于是也起身往水里跨，心想：“我就不信这本科生学历的人能过的水面，我博士不能过！”

只听“扑通”一声，博士栽到了水里。

两位所长赶紧将他拉了出来，问他为什么要下水，他反问道：“为什么你们可以走过去而我就掉水里了呢？”

两位所长相视一笑，其中一位说：“这池塘里有两排木桩子，由于这两天下雨涨水，桩子正好在水面下。我们都知道这木桩的位置，所以可以踩着桩子过去。你不了解情况，怎么也不问一声呢？”

在我们的生活中，有很多像这位博士一样的人，他们只知道吹嘘自己曾经取得的辉煌，夸耀自己的能力学识，以为这样就可以博得别

人的好感与尊敬，但事实上，他们越吹嘘自己，就越显示出自己的浅薄和无知。

孔子是我国古代著名的大思想家、教育家，学识渊博，但从不自满。一次，孔子在祭祀鲁桓公的祖庙里看到一种器物，他问守庙人：“这是何物？”守庙人答道：“此乃欹器，是人们置于座侧，用于警诫自己言行的。”孔子说：“我早有耳闻，它虚则倾，中则正，满则覆。”随后，孔子让弟子往欹器中注水。当水注入一半时，欹器是端正的；当水注满了之后，欹器竟突然翻倒。孔子颇有感触地叹了一口气说：“物满则覆。为人处世也是如此，要谦虚，不可自满。”

人和人在本质上是没有区别的，就像一句谚语中说的那样：“光滑的瓷器来自泥土，一旦破碎就归于泥土。”学历再高，那也只能代表过去，只有能力才代表将来。作为一名销售员，如果不懂得谦虚，一味我行我素、狂妄自大，那么到头来吃亏的只有你自己。

谦虚被李嘉诚奉为做人的准则，他曾说：“如果你始终注意不过分显示自己，就不会招惹别人，别人也就无法捕捉你的虚实。”因此，有自大心理的销售员，应及实地对自己做出一番新的评估，重新确立自己的位置，将自己从狂妄自大的泥潭中拉出来。

一个满怀失望的年轻人千里迢迢来到法华寺，对住持释园说：“我一心一意要学丹青，但至今没有找到一个能令我心满意足的老师。”

释园笑笑问：“你走南闯北十几年，真没能找到一个自己的老师吗？”年轻人深深叹了口气说：“许多人都是徒有虚名啊，我见过他们的画作，有的画技甚至还不如我呢。”释园听了，淡淡一笑说：“老僧虽然不懂丹青，但也颇爱收集一些名家精品。既然施主的画技不比那些名家逊色，就烦请施主为老僧留下一幅墨宝吧。”说着，便吩咐一个小和尚拿了笔墨砚和一沓宣纸。

释园说："老僧最大的嗜好，就是爱品茗饮茶，尤其喜爱那些造型流畅的古朴茶具。施主可否为我画一个茶杯和一个茶壶？"年轻人听了，说："这还不容易？"于是调了一砚浓墨，铺开宣纸，寥寥数笔，就画出一个倾斜的水壶和一个造型典雅的茶杯。那水壶的壶嘴正徐徐吐出一脉茶水来，注入到了那茶杯中去。年轻人问释园："这幅画您满意吗？"

释园微微一笑，摇了摇头。

释园说："你画得确实不错，只是把茶壶和茶杯放错了位置了。应该是茶杯在上，茶壶在下呀。"年轻人听了，笑道："大师为何如此糊涂，哪有茶杯往壶中里注水，茶壶在下茶杯在上的？"

释园听了，又微微一笑说："原来你懂得这个道理啊！你渴望自己的杯子里能注入那些丹青高手的香茗，但你总把自己的杯子放得比那些茶壶还要高，香茗怎么能注入你的杯子里哩？只有把自己放低，才能吸纳别人的智慧和经验。"

年轻人思忖良久，终于恍然大悟。

俄国作家契科夫说："人应该谦虚，不要让自己的名字像水塘上的气泡那样一闪就过去了。"一些销售员在取得了一些成绩之后，便开始自满起来，觉得自己已经高高在上，别人无法企及了。殊不知，飞得越高，摔得越重，一旦真正有问题摆在面前的时候，他已经无所适从了。

销售员要始终保持敬畏之心、谦虚之心、学习之心，不得趾高气扬、傲慢无礼。当然，谦虚并不是通常意义的客套与虚伪，也不是所谓的韬光养晦、深藏不露。当你的知识和经验已经累积到可以独当一面时，你就要毫不犹豫地站出来，迎难而上，绝不能把谦虚作为推卸责任的借口。

今天的努力，明天的结果——有目标

有一年，一群意气风发的骄子从美国哈佛大学毕业，他们的智力、学历等条件都相差无几。在临出发时，哈佛大学对他们进行了一次关于人生目标的调查。结果是这样的：

27%的人没有目标；60%的人目标模糊；10%的人有清晰但比较短期的目标；3%的人有清晰且长期的目标。

25年后，哈佛大学再次对这群学生进行了跟踪调查。结果又是这样的：

3%——几乎不曾更改过自己的人生目标。25年后，他们几乎都成了社会各界顶尖成功人士，他们中不乏白手创业者、行业领袖、社会精英。

10%——大都生活在社会的中上层。其共同特点是那些短期目标不断地被达到，生活质量稳步上升。他们成为各行各业不可缺少的专业人士，如医生、律师、工程师、高级主管等等。

60%——几乎都生活在社会的中下层面。他们能安稳地生活与工作，但都没有什么特别的成绩。

27%——几乎都生活在社会的最底层，生活都过得很不如意，常常失业，靠社会救济，常常在抱怨他人，抱怨社会。

可见，成功在一开始仅仅是一个选择。你选择什么样的目标，就会有什么样的成就，就会有什么样的人生。就像捕猎一样，如果你所设定的目标是一只兔子，那你极有可能只猎到一只麻雀；但如果你的目标是老虎，那你就有可能猎到一只兔子。一个没有目标的人，就像一艘没有舵的船，只能随波逐流，最终在绝望、失败、消沉的海滩上搁浅。

美国19世纪哲学家、诗人爱默生说："一心向着自己目标前进的人，整个世界都会给他让路。"目标设定是实现梦想的第一步，勇敢地踏出，并且百折不挠，你才能够到达成功的彼岸。若是在行进的途中忘了目标，不管你怎样奋力拼搏，你都只能在原地打转。

这是一个真实的故事。1952年7月4日清晨，加利福尼亚海岸泛起了淡淡的薄雾。在海岸以西21英里的卡塔林纳岛上，一个34岁的女人正在涉水投入太平洋的怀抱，开始向加州海岸游去。假如成功，她将是第一个游过这个海峡的妇女。这位女士名叫费劳伦丝科德威克。在来到这里之前，她已经成功地渡过了不少海峡，包括成了从英法两边海岸游渡英吉利海峡的第一位妇女。

这天凌晨，她做好了游渡前的最后准备。尽管太平洋的海水冻得她浑身发麻。但她仍然果敢地划动海水，自信地向前游去，因为她相信，目标就在前面。

时间一小时一小时地过去了，成千上万的人在电视机前关注着她。有好几次，鲨鱼靠近了她，但都被护送船只上的人开枪吓跑了。她在为自己加油，在向着目的地游去。在以往这类渡海游泳中，她的最大问题不是疲劳，而是刺骨的水温。

15个小时过去了，她被冰冷的海水冻得身体几乎发僵，但她依然在向前游着。然而，这时加州海岸的雾气越来越浓，并逐渐向大海深处蔓延开去。由于雾很大，科德威克连护送自己的船只都几乎无法看

清楚。电视观众和在场的人们突然开始发现，她好像有些犹豫，不想再游下去了。

果然，她很快就对不远处船上的人呼喊，希望他们把她拉到船上去。她的母亲和教练就在另一条船上，他们告诉她海岸已经非常近了，千万不要放弃。但是，她朝加州海岸看过去，除了浓浓的大雾，什么也看不到，她开始感到有些心慌意乱，力不从心。她勉强再坚持了几十分钟，终于发出略带惶恐的呼救声！人们把她拉上了船，她在水里一共游了15小时零55分钟。当她在船上渐渐地感觉到温暖时，一股强烈的失败感开始袭上心头。

当记者采访她时，她略有所思地说："说句心里话，我并不是在给自己找借口。但是，要是当时我能看见海岸线，也许我能坚持下来。"因为人们在拉她上船时，已经告诉她，她离加州海岸只有半英里远！后来，她说："真正令我半途而废的不是疲劳，也不是寒冷，而是在浓雾中看不到目的地。我失去了目标，不知道它究竟有多远，它令我感到了一种没有尽头的恐惧。"

科德威克女士一生中就只有这一次没有坚持到底。两个月后，她重整旗鼓，成功地游过了这个海峡。她也因此成了第一位游过卡塔林纳海峡的女性，而且比男子的纪录还快了大约2个小时。

一个人若是没有目标，就会如同行尸走肉一般，跌跌撞撞；一个销售员若是没有目标，就会变得无精打采、烦躁不安。

美国潜能成功学大师安东尼·罗宾说："如果你是个销售员，赚1万美元容易，还是赚10万美元容易？告诉你，是10万美元！为什么呢？如果你的目标是赚1万美元，那么你的打算不过是能糊口罢了。如果这就是你的目标与你工作的原因，请问你工作时会兴奋有劲吗？你会热情洋溢吗？"作为一名销售员，如果你想在销售领域有所建树，就一定要制订一个积极的、明确的、远大的目标。在这个目标的激励下，你才能够突破重重险阻，最终走向成功。

2001年5月20日，美国一位名叫乔治·赫伯特的销售员，成功地把一把斧子推销给了小布什总统，布鲁金斯学会得知这一消息后，把一个刻有“最伟大的销售员”的金靴子授予了他。这是自1975年以来，该学会的一名学员成功地把一部微型录音机卖给尼克松之后，又一学员迈过如此高的门槛。

布鲁金斯学会创建于1927年，以培养世界上最杰出的销售员著称于世。它有一个传统，在每期学员毕业时，都设计一道最能体现销售员实力的实习题，让学生去完成。克林顿当政期间，他们出了这么一个题目：请把一条三角裤推销给现任总统。8年间，有无数个学员为此绞尽脑汁，最后都无功而返。克林顿卸任后，布鲁金斯学会把题目改成：请将一把斧子推销给小布什总统。

鉴于前8年的失败与教训，许多学员都知难而退。个别学员甚至认为这道毕业实习题会和克林顿当政时一样毫无结果，因为现在的总统什么都不缺，即使缺什么，也用不着他们亲自购买；再退一步说，即使他们亲自购买，也不一定正赶上你去推销的时候。

然而，乔治·赫伯特却做到了，并且没有花多少工夫。一位记者在采访他的时候，他是这样说的：“我认为，把一把斧子推销给小布什总统是完全可能的。因为小布什总统在得克萨斯州有一座农场，那里长着许多树。于是我给他写了一封信。信中说，有一次我有幸参观您的农场，发现那里长着许多矢菊树，有些已经死掉，木质已变得松软。我想，您一定需要一把小斧头，但是从您现在的体质来看，这种小斧头显然太轻，因此您仍然需要一把不甚锋利的老斧头。现在我这儿正好有一把这样的斧头，正是我祖父留给我的，很适合砍伐枯树。倘若您有兴趣的话，请按这封信所留的信箱，给予回复……最后他就给我汇来了15美元。”

乔治·赫伯特成功后，布鲁金斯学会在表彰他的时候说：“金靴子奖已设置了26年，26年间，布鲁金斯学会培养了数以万计的销售员，造就了数以百计的百万富翁，这只金靴子之所以没有授予他们，是因为我们一直想寻找这么一个人——这个人从不因有人说某一目标不能实现而放弃，从不因某件事情难以办到而失去自信。”

每一个领域的人都应该有目标，销售员的目标就是通过沟通促成与客户之间的交易。清晰的目标可以使销售员少走弯路，有了它，你就如同看到了插在山顶的一面红旗，才能够摆脱疲劳、精神抖擞地前进。

如果你坚信自己是一个优秀的销售员，坚信自己总能把产品成功地推销出去，那么你的精神状态也一定是积极向上、乐观开朗的。无论你走到哪里，都会像一颗珍珠一样，散发出耀眼的光芒。说不定有一天，你也能“把斧子卖给总统”呢！

先“开枪”，后“瞄准”——高效执行

在营销界，流传着这样一句话：“先开枪，后瞄准。”这句话乍听上去有点不可思议，没有瞄准就开枪，这不是浪费子弹吗？其实，这里面蕴含了一个更深层次的思想，那就是“先发制人”。

在这个市场形势瞬息万变的时代，机会往往稍纵即逝，如果不敏感、不快速反应的话，肯定会错失机会。要想占得先机，就需要当机立断的魄力和勇气。怕苦怕累，空谈坐号，是什么事情也办不成的。

苹果公司创始人乔布斯曾经说过：“苹果公司的伟大之处在于把创新落实到行动上，一千次空想也比不上一次行动。”大文豪雨果在他的《传记》中也说道：“唯有付诸行动，梦想才能成真。”由此可见，作为一名销售员，先“开枪”比先“瞄准”结果要好得多。

有一位叫卡特的年轻人，上司让他去一个新的地方开辟市场，那是一块十分偏僻的地方，公司生产的产品在很多人看来要取得销路是十分困难的。因此，在把这个任务分派给卡特之前，上司曾经三次把这个任务交给过公司里其他人，但是都被他们推脱掉了。他们一致认为那个地方没有市场，接受这个任务的最终结果将是一场徒劳。卡特在得到上司的指示后什么话也没有多说，只带着一些公司产品的样品

出发了。

三个月后，卡特回到了公司，他带回了令人振奋的消息，那里有着巨大的市场。其实，卡特在出发之前，他也认定公司的产品在那里没有销路。但是，由于他坚决的服从意识，他毅然前往，并用尽全力去开拓市场，最终取得了成功。

然而，遗憾的是，很多营销界的人士都认为“机遇”会老老实实在某个地方等待自己，一直恪守“机遇是留给有准备的人”的格言，认为只要自己做好准备，机遇就会找上门来。其实，这种想法大错特错，“机遇”总是蒙着一层薄薄的面纱，只有接近它、紧跟它，你才能够抓住它。

一只绰号叫“无敌手”的猫打得老鼠溃不成军，最后老鼠几乎销声匿迹了。残存下来的几只老鼠躲在洞里不敢出来，几乎快要饿死。“无敌手”在这帮悲惨的老鼠看来，根本不是猫，而是一个恶魔。但是这位猫先生有个爱好：喜欢向异性献殷勤。

有一天，这只猫爬得又高又远去寻找相好。就在它和相好癫狂时，那些残存的老鼠来到了一个角落里，就当前的迫切问题召开了一个紧急会议。一只十分小心谨慎的老鼠担任会议主席，一开始它就建议必须尽快地在这只猫的脖子上系上一只铃铛。这样，当这只猫进攻时，铃声就可以报警，大伙儿就可以逃到地下躲藏起来。会议主席只有这么个主意，大伙儿也就同意了它的主张，因为它们都觉得再没有比这个主张更好的建议了。

在一片叫好声中，有只不识时务的老鼠突然问道：“谁来挂铃铛？”

美国某商学院的教授，把这个寓言搬进了课堂，学生们反应热烈，有的建议做好陷阱，让猫儿踏上后，铃铛自然缚在脚上；有的建议派遣敢死队，牺牲小我，完全大我；更有的宣称干脆下毒饵了事，以永绝后患。这是个没有结论的讨论，临走前，教授只是狡黠地留下一句话："想想看，为什么从来没看过被老鼠挂上铃铛的猫？"

没有执行力，销售业绩怎么能突破？销售业绩搞不上去，很大部分的原因是销售员的执行力出现了问题。一个优秀的销售员，必须要有很强的执行力。空想一百次，不如实干一次。环境固然重要，但实干才是最重要的。美国著名成功学大师杰弗逊说："一次行动足以显示一个人的弱点和优点是什么，能够及时提醒此人找到人生的突破口。"一个销售员如果缺乏执行力和奋进精神，总想着吃老本，不去拓展新客户，那么他再完美的计划也是空中楼阁一座。

报纸上曾经有这样一个竞答题目，如果有一天大英博物馆突然燃起了大火，而当时的条件只允许从众多的馆藏珍品中抢救出一件，你会抢救哪一件？

在数以万计的读者来信中，一个年轻人的答案被认为是最好的，他选择离门最近的那一件。这是一个令人叫绝的答案，大英博物馆的馆藏珍品件件都是国宝，举世无双，与其幻想着件件都抢救出来不如抓紧时间抢救一件算一件。

艾米是一个可爱的小姑娘，但她有一个坏习惯，那就是她每做一件事时，都把时间花在准备工作上，而不是马上行动。

和艾米住在同一个村子里的索顿先生有一家水果店，里面出售像本地产的草莓这类水果。一天，索顿先生对贫穷的艾米说："你想挣点钱吗？"

"当然想，"她回答，"我一直想有一双新鞋，可家里没钱买不起。所以，我要自己挣钱买。"

"好的，艾米。"索顿先生说，"安德科家的牧场里有很多长势

很好的黑草莓，他们允许所有人去摘。你去摘了以后把它们都卖给我，一磅我给你13美分。”

艾米听说可以挣钱，非常高兴。于是，她迅速跑回家拿上一个篮子，准备马上就去摘草莓。

这时，她不由自主地想到，还是先算一下采5磅草莓可以挣多少钱比较好。于是，她拿出一支笔和一块小木板，计算结果是65美分。

“要是能采12磅呢？”她继续计算着，“那么，我又能赚多少钱呢？”

“上帝呀！”她得出答案，“我能得到1美元56美分。”

艾米接着算下去，要是她采了50、100、200磅草莓，索顿先生会给她多少钱。她将不少时间花费在这些计算上，一下子就到了中午吃饭的时间，她只得下午再去采草莓了。

艾米吃过午饭后，急急忙忙地拿起篮子向牧场赶去。然而，许多男孩子在午饭前就到了那儿，他们快把好的草莓都摘光了，可怜的艾米最后只采到了一磅草莓。

回家的途中，艾米想起了老师经常说的话：“办事得尽早着手，干完后再去想。因为一个实干者胜过一百个空想家。”

打造高效的执行力，是销售员取得成功的保证。在激烈的市场竞争中，没有执行力就没有战斗力，没有战斗力就没有活力。作为一名销售员，只有对销售目标充满信心，摆正心态，正确地理解和执行各项指标，才能真正提高执行力。执行力一旦得到提升，你就能在纷纷扰扰的市场中无往而不胜。

坚持不一定成功，但放弃一定失败——执着

销售工作是一个充满挑战的工作，需要销售员拥有坚强的意志力、信念和勇往直前的勇气。遭到拒绝几乎是每个销售员每天都要遇到的事情，被拒绝一次后你可能依然勇气十足，可如果被拒绝了10次、100次呢？

想要取得辉煌的销售业绩，销售员就必须丢掉面子，被拒绝也毫不退缩。美国专业营销人员协会报告显示：80%的销售是在第4~11次跟踪后完成。可见执着在销售工作中有多么重要。

著名销售大师原一平说："销售就是初次遭到客户拒绝之后的坚持不懈。也许你会像我那样，连续几十次、几百次地遭到拒绝。然而，就在这几十次、几百次的拒绝之后，总有一次，客户将同意采纳你的计划。为了这仅有的一次机会，销售员在做着不懈的努力。"

高木是日本大名鼎鼎的"推销大王"。

当年，在进入推销界的初期，他也是一切都不如意。他每天跑三十几家单位去推销复印机。在战后百业待兴的时期，复印机是一种非常昂贵的新型商品，绝大部分机关和公司都不会购买。大多数机构，连大门都不让进；即使进去了，也很难见着主管。

头三个月的业绩为零，他连一台复印机也没有卖出去。没有做成生意，就没有一分钱收入。但他仍然坚持着。

有一天，他打电话回公司，问有没有客户来订购复印机。这种电话他每天都要打，每次得到的回答都是："没有。"但这一天，得到的回答是："喂，高木先生，有家证券公司有意购买，你赶快和他们联系一下吧。"

简直是奇迹：这家公司决定一次购买8台复印机，总价是108万日元，按利润的60%算，高木可得报酬超过19万元。这是他的第一次成功。从此以后，时来运转，他的销售业绩直线上升，连他自己都觉得惊讶。

半年以后，高木已经是公司的最佳销售员了。

销售业绩步步高升，公司对他说："以前签订的合同需要修改了吧？你的抽成太高了。"高木无法忍受，当场申请辞职。此后他开始了自立门户独立创业。

后来，高木就成为日本著名的推销界人士，写了不少著作。他说："切勿做一个只在山脚下转来转去的毫无登山意志的人。必须尽自己的体力，攀登上去。有此宏愿，即使技术不够，也还是可以最终登上山顶。"

奥格·曼狄诺在《世界上最伟大的销售员》一书中写道："现在我知道，为了事业兴旺发达，我必须严守职责，并且永远走在时间前面。那些顶尖人物都是不以分内之事为满足的。他们比常人做得更多，走得更远。他们不图回报，因为他们知道最终将尝到硕果。"在销售工作中，坚持不懈、执着顽强、永不放弃是取得成功的重要保障。

你知道石匠是怎么敲开一块大石头的吗？石匠只拥有一个小锤子和一个小凿子，但那块石头却坚硬无比。当石匠举起锤子敲第一下时，那块石头没有掉一块碎片。但石匠却并不灰心，仍是一锤又一锤地敲打着石头。当他敲打到好几千下时，那块大石头忽然裂开了。难道是最后的那一击才使这块石头裂开的吗？不是，而是他一而再、再而三连续敲打的结果。

市清村是日本理研光学公司的董事长，也是举世闻名的企业家，他年轻的时候，也曾经是一位保险销售员。

有一次，市清村试图劝说一位校长参加投保，可三个月内，他跑了有十几趟，每次那位校长都客气而又坚决地回答他说："很抱歉，我不想买保险。"最后，市清村终于放弃了，他回到家里，疲惫地对妻子说："我实在不想干了，三个月来我马不停蹄地奔波，可却一点收效都没有。"

妻子充满爱怜地看着他说："为什么不再试一次呢？说不定再坚持一下就成功了呢！"

"为什么不再试一次呢？"妻子的话给了市清村很大触动。第二天，市清村怀着再试一次的想法，穿戴整齐，又一次敲开了校长家的门。没想到，这一次，还没等市清村开口，校长竟痛快地说："好吧，我买你的保险。"市清村愣在那里，真是又惊又喜。

自从那次成功以后，市清村的信心更足了，每推销一笔保险，他都坚持到底，直到最后成功。几个月后，他便成了他所在的九州地区最优秀的保险销售员。

后来，每次谈到自己成功的经验时，他都意味深长地说："我所有的成功都来自妻子的那句话——为什么不再试一次呢？"

销售是一场胜少败多的战役，即使最好的销售员也要经历无数次的拒绝。也许你的口才不好，形象欠佳，但只要你拥有了锲而不舍的毅力，便没有不可征服的高峰。俗话说："行百里者半九十。"能坚

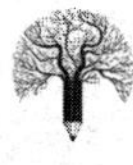

持到最后一刻，你才算得上真正的胜者。因此，不到最后关头，决不能轻言放弃，不管你被客户拒绝多少次，也要有勇气面带微笑地再来一次。

推销产品首先是推销人品——真诚

美国的一名心理学家曾经做过这样一个试验：他列举出555个描绘人的个性品质的词语，然后让人们说出他们喜欢的那些个性品质的词语，并说明喜欢的程度。结果排在前8位的人们最喜欢的词语，分别是：真诚、诚实、理解、忠诚、真实、信得过、理智、可靠。其中竟然有6种与“诚”有关。而在人们最不喜欢的词语中，虚伪居于首位。可见，与人交往的时候，最需要做到的就是真诚。

真诚是一种高尚的品格，它可以让一个人的心灵变得尊贵，人格变得崇高。《西京杂记》中说“至诚，则金石为开”，意思是说，只要你诚心实意，即使像金石那样坚硬的东西，也会被感动的。谎言和欺骗虽然能够换来暂时的安逸和收获，但当真相一旦曝光，他的人生将变得暗淡无光。

在东汉时期，有个人叫阎敞，字子张，在郡衙里面担任郡掾的官职。当时的太守叫第五常，两人来往密切，交情深厚。

一天，第五常来到阎敞家中，说道：“阎兄，小弟奉命调京城供职，路途遥远，且限日到京，行程匆促，钱物携带很不方便，我想将一百三十万贯钱先寄放在兄长这里，以后再来取，您看行不行？”

阎敞满口答应，说道：“这有什么不可以的，我一定代贤弟妥善保管，你什么时候来取都行。”于是，第五常就把一百三十万贯钱送到了阎敞家中，阎敞当面把钱封存好。

第五常起程赴京那天，阎敞十里相送，送了一程又一程。第五常再三劝说留步，两人方依依惜别。临别时，第五常还说：“那笔钱阎兄如果需要用，您尽管用就是了。”

第五常到京后不久，京城突然爆发了一场瘟疫。第五常一家不幸染上此症，先后死去，只留下了他的一个小孙子。第五常在临终前抖抖索索地拉着小孙子的手说：“你如果能够活下来，我有三十万贯钱寄放在家乡阎敞家中，你可以取来维持生计。”

第五常去世了，他的孙子记住了他的话，知道他在家乡的阎敞爷爷家中寄放了三十万贯钱，但当时年幼，路途又远，无法去取回这笔钱，只能靠他家在京的亲戚朋友周济度日。

十几年过去了，第五常的小孙子长大了，这才返回故里。为了安置家业，他想去找阎敞爷爷取回爷爷存放的钱，但心里总觉得不踏实——这口说无凭，手中没有任何凭据，这么多年过去了，能拿得到这笔钱吗？

一天，阎敞正在书房里读书，忽然家人进来说，有一位青年公子求见。阎敞来到客厅一看，觉得似曾相识，又实在想不起是在什么地方见过，是不是真的见过？那青年拜见了阎敞，说起爷爷第五常，阎敞才知道他原来是五常贤弟的孙子。

阎敞闻听五常贤弟一家的不幸，回想起过去两个人的友情，百感交集，为朋友哀伤。第五常的孙子还没有启齿问钱的事，阎敞就说了：“你的生计暂时不用发愁，太守有一百三十万贯钱寄放在我这里，你现在可以拿去用。”

第五常的孙子一听，着实吃了一惊——爷爷说的是三十万，不是一百三十万呀！于是，他将爷爷临终前的话说了一遍，问阎敞爷爷说："您老人家是不是搞错了？没有那么多，只有三十万。"

阎敞忙说："没有错，没有错！这是太守生了病，所以说得模糊，请你不要怀疑！"说着，忙到储藏室将第五常当年寄放的一百三十万贯钱搬了出来，亲手交给了第五常的孙子。

第五常的孙子接过钱来，含泪告辞，此事也被传为一时佳话。

真诚是人与人之间的润滑剂，也是人与人之间能够相互给予的希望。戴尔·卡耐基说："一个人只要对别人真诚，在两个月内就能比一个要别人对他真诚的人在两年之内结交的朋友还要多。"

在销售工作中也需要真诚。销售看起来是推销产品，但更深层的是推销你的人品。每一名客户都有一个基本的分辨能力，花言巧语只能欺骗少数人，却没法欺骗大多数人。乔·吉拉德说："所有最重要的事情，就是要对自己真诚；并且就如同黑夜跟随白天那样的肯定，你不能再对其他人虚伪。"

对于销售员来说，你所推销的每一件产品都不可能是完美的，如果这些产品本身确实存在着一些问题，而且客户也有知情权，那么，你必须告诉客户事情的真相。真正的销售高手都是最讲信用的，有一说一，实事求是，处处以信用为先，以真诚为本，使客户放心地同他做交易。

曾经看到过一位销售冠军与客户的交流过程，客户问："既然这种产品如此完美，那我以前怎么没有听说过它？而且它的功能显然不如另一种产品那么多。"为了打消客户的疑虑，这位销售冠军说："这种产品的设计水平和质量都是国内一流的，只是在外形上不如国外的产品，正是由于这点不足，我们的价格要比国外那家产品的价格低了将近三分之一。"他主动地将产品存在的问题说出来之后，客户点了点头表示赞同。

在日本一家百货公司，有一位女顾客从这里买了一台“索尼”牌唱机。事后，售货员清理商品发现，原来是错将一个空心唱机货样卖给了那位美国女顾客。于是，立即向公司警卫做了报告，警卫四处寻找那位女顾客，但不见踪影。经理接到报告后，觉得事关顾客利益和公司信誉，非同小可，马上召集有关人员研究。经调查得知那位女顾客叫基泰丝，是一位美国记者，当时还留下了一张“美国快递公司”的名片。据此仅有的线索，公司公关部连夜开始了一连串大海捞针式的搜索。先是打电话，向东京各大旅馆查询，毫无结果。后来又打国际长途，向纽约的“美国快递公司”总部查询。深夜接到回话，得知基泰丝父母在美国的电话号码。接着，又给美国挂国际长途，找到了基泰丝的父母，进而打听到基泰丝在东京的住址和电话号码。几个人忙了一夜，总共打了35个紧急电话。

第二天一早，百货公司给基泰丝打了道歉电话。几十分钟后，公司的副经理和提着大皮箱的公关人员，乘着一辆小轿车赶到基泰丝的住处。两人进了客厅，见到基泰丝就深深鞠躬，表示歉意。除了送来一台新的合格的“索尼”唱机外，又赠送著名唱片一张，蛋糕一盒和毛巾一套。接着副经理打开记事簿，宣读了怎样通宵达旦查询基泰丝住址及电话号码，及时纠正这一失误的全部记录。

这时，基泰丝深受感动，坦率地陈述了买这台唱机是准备作为见面礼，送给东京外婆家的。回到住所后，她打开唱机试用时发现，唱机没有装机心，根本不能用。当时，她火冒三丈，觉得自己上当受骗了，立即写了一篇题为《笑脸背后的真面目》的批评稿，并准备第二天一早就到百货公司兴师问罪。没想到公司纠正失误如同救火，为了一台唱机，花费了这么多的精力。这些做法，使基泰丝深为敬佩，她马上撕掉了批评稿，重写了一篇题为《35次紧急电话》的特写稿。

《35次紧急电话》稿件见报后，反响强烈，百货公司因一心为顾客着想而名声大振，门庭若市。后来，这个故事被美国公共关系协会推荐为世界性公共关系的典范案例。

这个案例说明，真诚地对待每一名客户，是公关营销工作的核心理念。销售是与人打交道的工作，在销售活动中，人往往比产品更加重要。客户在购买你的产品时，先考虑的不是产品的质量，而是销售员人品的好坏。只要你真诚地对待每一名客户，客户就会对你产生喜欢、信赖之情，自然会喜欢、信赖和接受你的产品。

日本企业家小池先生出身贫寒，很年轻时就开始在一家机械公司担任销售员了。有一段时间，他推销的机械设备非常顺利，半个月内就拿到了25位客户的订单。

可是有一天，他突然发现自己所卖的这种产品，要比别家公司生产的同性能产品贵了一些。这时他想："如果让客户知道了，他们一定会以为我之前欺骗了他们，进而可能会对我的信誉产生怀疑。"

于是，内心深感不安的小池立即带着合约书和订单，逐家拜访客户，如实地向客户说明了情况，并请客户重新考虑是否还要履行合约或者继续和自己合作。

小池这样的举动，令他的客户深受感动。这些客户没有一个人取消订单，反而后来都成了小池义务的"口碑宣传员"，为小池带来了大量的订单，因为大家都认为他是一个值得信赖且诚实可靠的销售员。

诚信乃立人之本。孔子曰："人而无信，不知其可也。"他认为人不讲信用，在社会上就无立足之地，也就什么事情都做不成。诚信也是我国传统的商业道德。早在战国时，对商业活动就有"市价不二，国中无伪"的要求。在商业发达的明清之际，商家无不标榜诚信，也大都"以儒道经商"。千百年来，有关经商的技巧有千万种，

但中国人一直固执地认为，经商的奥秘只有两个字：诚信。

在营销工作中，销售的第一原则就是真诚，向客户推销你的产品，实际上就是向客户推销你的真诚。很多销售员在向客户介绍自己的产品时，恨不得把一切有关“完美”的词语都用上。事实上，这样的产品是不存在的。现在的很多客户已经不会只听你的一面之词，而是会自己考察后做出选择。

当你以真诚为最高原则，设身处地地为客户着想时，你就能在客户心中留下美好的印象，从而为你留住既有的客户，并迅速拥有更多的客源。这样一来，你的销售业绩肯定会越来越高。

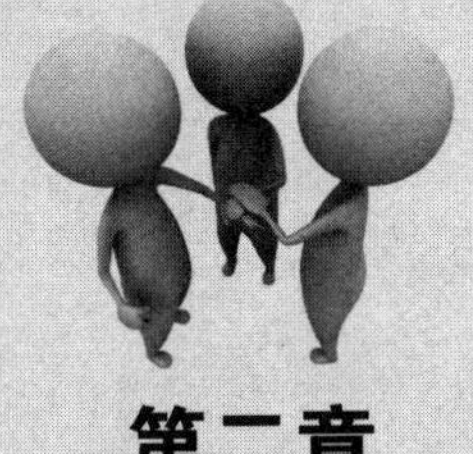

第二章 好的开场白是成功的一半

俗话说："良好的开端是成功的一半。"心理学家在研究客户的消费心理时发现，销售员在与客户沟通时，客户一般只会记住销售员前两分钟的话，而且会在这两分钟内决定是否与销售员继续交流下去。因此，开场白的好坏，几乎可以决定这一次交谈的成败。

第一句话都不会说，怎么能了解对手呢

《华尔街日报》记者、哈佛大学客座教授尼德·尚曾自信地说："第一句话都不会说，怎么能了解对手呢，这样的傻事我可从来不干。"

人生最困难的事情恐怕就是跟陌生人交谈了。但作为一个销售员，这是每天必不可少的核心工作。当你第一次跟客户见面的时候，打破僵局是对话的关键。

很多人都有这样的体验，在与陌生人会面时，心里总会打鼓："我到底该怎样说出第一句话，让他对我感兴趣呢？"而在事后，我们又往往后悔不已："我今天怎么能说那样大煞风景的话呢？""我要是换个方式，结果可能会好点儿。"然而，这个世界上没有卖后悔药的，我们只好暗下决心，下次一定要把握好说话方式。可越是谨慎，我们就越害怕跟陌生人交谈。

一次，有一名记者采访蔡康永："你采访过的人已经很多很多了，那么，你最不愿意采访的是什么样的人？"

蔡康永都没想就回答说："我最害怕采访那些说话常常冷场的人。如果嘉宾是一个很会说话的人，主持人就会很轻松，不必一味地

去找话题，因为往往一个话题就会聊得大家兴高采烈，而一个话题结束后，马上就会有另一个话题。但是，如果嘉宾是一个‘冷场王’的话，主持人就会很累，因为嘉宾的很多话让人接不下去，你需要随时准备制造下一个话题。”

俗话说：“万事开头难。”一些销售员几乎刚一张嘴，就为自己的失败埋下了种子。这些销售员完全不站在别人的立场上考虑问题，而只想一股脑地把自己所推销的产品信息灌输到客户的头脑当中，却根本不顾及客户的感受。这样一来，客户不烦你才怪。在中国古代的官场上，就有这样一则笑谈：

清光绪年间，浙江有个富商，此人目不识丁，不学无术，却花钱买了个县官当。一次，他到省城述职，见了巡抚大人，正发愁不知道说什么呢，看见巡抚的家丁送上茶水，灵机一动，找着话题了，他端起茶杯喝了一口，说：“大帅，大帅，您这茶叶真不错，我一尝就知道是地道的西湖龙井！”

官场上有一个不成文的规矩，即上司的茶不是让客人品的，而是上司觉得没事了，说声“请用茶”，示意你可以走了。这个县官不但不知道这一点，还和自己的上司聊起了茶叶，这让巡抚感到特别不高兴。于是，他板起脸问县官：“贵县，听说你那里年年河道成患，不知今年情景如何呀？”

县官想都没想说：“回大帅的话。您问和道嘛……这个和道啊……这个……小县那里的和尚倒是好和尚；就是老道非常可恶，不是吃酒赌钱，就是斗殴生事。”

巡抚一听答非所问，赶紧解释说：“我不是问和尚道士，我问的是水。”

“噢，水呀，卑职那里的水都是甜水，没有苦水，沏茶可好

喝啦。”

巡抚一听，这哪儿都不挨着啊，干脆，随便问点儿别的，让他走了算啦。于是又问：“贵县你们那儿风土如何？”

“大帅，您问风土啊，卑职到任一年多，倒是没刮过大风，尘土也少，就是经常下大雨。”他把风土人情当刮风、尘土啦！

巡抚皱了皱眉，又问一句：“贵县民风如何。”

“蜜蜂啊！卑职那里蜜蜂不多，马蜂可不少，蜇人可厉害啦！”

巡抚这回可真发怒了，他将茶杯重重地一顿，“腾”地站起来说：“我问的是你的小民！”

县官一听，扑通一声跪下了：“回大帅的话，卑职的小名儿叫‘二狗子’。”

这个县官的命运，不想可知。如果他不是胡乱答话，而是事先跟别人请教一下官场上的规矩，准备好应答的话，那结果就大不一样了。

很多自负且不善交际的人，总是会自以为是地强迫别人接受自己的意见，这样一来，双方自然不能建立友善的关系。那么，怎样才能找到恰当的话题，跟陌生人“一见如故”呢？

其实，说话不需要唠叨，只要能紧紧抓住对方的心理，引起对方的兴趣，便可达到预期的效果。全球最佳的销售教练杰弗里·H·基特玛说：“如果你找到了与潜在客户的共同点，他们就会喜欢你，信任你，并且购买你的产品。”

贝尔那·拉弟埃是“空中汽车”飞机制造公司的著名销售专家。当他被推荐到“空中汽车”公司后，他面临的第一项挑战就是向印度推销飞机。这是件棘手的任务，因为这笔交易已由印度政府初审，未被批准，能否重新寻找成功的机会，就全靠特派员的谈判本领了。

作为特派员，拉弟埃深知肩上的重任，他稍做准备就飞赴新德里。接待他的是印航主席拉尔少将。拉弟埃到印度后，对他的谈判对手讲的第一句话是："正因为你，使我有机会在我生日这一天又回到了我的出生地。"

这是一句非常得体的开场白，虽然简明扼要，却富有内涵，不但表达了他对主人的感激之情，还表明印度是他的出生地，拉近了他与拉尔少将的距离。

跟第一次见面的客户交谈是销售工作中的一大难关，处理得当，可以让你轻松摆脱窘境；处理不好，则可能产生"话不投机半句多"的恶劣影响。只要销售员能成功地做到：微笑、握手、用得体的语言问候客户、进行眼神交流，就能给客户心中留下"相见恨晚"的印象。凭借这良好的印象，你就可以轻松地征服客户。

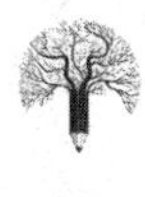

用精彩的开场白打动客户

米尔顿·马文是汤姆·詹姆士服装公司的董事长，当他还是该公司一名普通销售人员的时候，他曾经运用精彩的开场白给客户们留下了非常深刻的印象。米尔顿在见到客户时从来不会像其他销售人员那样拘谨地说上一句："您好，我是××公司的销售人员……"他经常这样与自己的客户开始谈话：

"××先生（女士），我来这里的原因是因为我要成为您的私人服装商。我知道您在我这儿买衣服，是因为您对我、我们的公司或者对我们公司的产品有信心。而我所做的事情就是要使您的这种信心得到不断增强，我相信自己能够做到这一点。您一定希望对我有所了解，那么请允许我做一个简单的介绍：我从事这项工作已经很多年了，我对服装的式样和质地以及它们分别适合哪种类型的人都有着深入的研究。所以，我一定可以帮您挑选出一套最合适您的衣服，而且这项服务是完全免费的。"

同米尔顿·马文一样，很多有经验的销售员在每次拜访客户前，都会花时间来考虑如何跟客户说一番精彩的开场白。因为只有在第一时间抓住客户的注意力，才能赢得与客户继续交谈的机会。

开场白就像一本书的前言，需要引人入胜，因为它对这本书起着画龙点睛的作用。我们的销售工作也一样，销售的基本程序是：先吸引客户的注意力，再让客户对产品产生兴趣，继而让客户对产品产生使用和购买的欲望，最后再促使客户购买产品并达成交易。所以，销售员与客户见面时，一定要事先准备一个有特色的开场白。

某地毯销售员对客户说："每天只花一毛六分钱就可以使您的卧室铺上地毯。"客户对此感到惊奇，销售员接着讲道："您卧室12平方米，我厂地毯价格每平方米为24.8元，这样需297.6元。我厂地毯可铺用5年，每年365天，这样平均每天的花费只有一毛六分钱。"

一位消防用品销售员见到客户后，并不急于开口说话，而是从提包里拿出一件防火衣，将其装入一个大纸袋，随即用打火机点燃纸袋，等纸袋烧完后，里面的衣服仍完好无损。这一戏剧性的表演，使客户产生了极大的兴趣。

上文中这两位销售员所用的开场白都很成功。因为，第一次与客户交往时，开场白需要达到吸引客户注意力的目的。只有有创意的开场白，才能引起客户的兴趣，让客户乐于和你交谈。

有一位销售电器的年轻人，来到一所农舍前敲门。户主是个上了年纪的老婆婆，她只将门打开了一条缝。看到来人像是一个销售员，她又猛地将门关上了。

销售员毫不气馁，继续敲门。过了很久，老婆婆才又将门打开，却还是一丝小缝，而且，还没等对方说话，她就毫不客气地破口大骂起来。

销售员一看大事不妙，就说："太太，我看您是误会了，我来拜访您并不是来销售东西的，我只是想向您买一些鸡蛋。"

听到这话后，老婆婆的态度稍微温和了一些，门也开大了一点。销售员接着说："您家的鸡长得真好，它们的羽毛长得真漂亮。这些

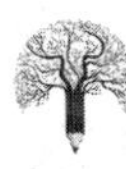

鸡是多明尼克种鸡吗？您这儿还有贮存的鸡蛋吗？”这时，门开得更大了。

这位老婆婆问销售员：“你怎么知道这是多明尼克种鸡？”

销售员知道自己的话已经打动了老婆婆，便接着说：“我家也养了一些鸡，可是像您家养得这么好的鸡，我还没有见过呢。我家饲养的来亨鸡，只会生白蛋。太太，您应该知道，做蛋糕用红色的鸡蛋比白色的鸡蛋要好一些。我太太今天要做蛋糕，所以我跑到您这儿来了。”

老婆婆一听这话，显得高兴，她迅速转身到屋里去取鸡蛋。

利用这点时间，销售员迅速看了一眼周围的环境。他发现，墙角有一整套务农设备。于是，他有了主意。

等这位老婆婆出来的时候，销售员说：“太太，我敢肯定，您养鸡赚的钱一定比您先生养奶牛赚的钱多。”

听了这句话，这位老婆婆顿时眉开眼笑，心花怒放，因为她丈夫一直不承认这件事，而她总想把自己的成就与别人分享。

于是，这位老婆婆对销售员的戒心解除了，她把销售员当作知己，带他去参观自己的鸡舍。参观时，销售员不时地发出赞叹声。两人畅所欲言，互相交流着养鸡方面的常识和经验，越来越像认识已久的朋友。当老婆婆谈到孵化小鸡的麻烦和保存鸡蛋的困难时，销售员不失时机地向她成功地销售了一台孵化器和一台大冰柜。

当代世界最富权威的推销专家戈德曼博士说：“在面对面的销售中，说好第一句话是十分重要的，顾客听第一句话要比听以后的话认真得多。”所以，任何一名销售员都要重视每一个开场白的设计，这样才能使销售工作顺利展开。

一开口就叫出对方的名字

戴尔·卡耐基非常崇拜世界推销大王乔·吉拉德，并向他请教成功的秘诀。吉拉德只说了两个字："勤奋。"

"怎么会那么简单呢？"卡耐基想。于是他接着问道："听说您记得一万个人的姓名？"

吉拉德笑着说："你说错了，我至少记得六万个人的姓名。"

吉拉德以前是一家石膏公司的销售员，他每次在跟别人初次见面时，就把对方的姓名、爱好、家庭情况等牢牢地记在心里。即使过了一年半载，等再次见面时，他还能大声地喊出对方的名字。这就是他业绩卓著的秘诀。

记住别人的名字真有那么重要吗？答案是：是的。名字是一个人与他人区别的标志，每个人对自己的名字都有一种特殊的感觉，具有极强的认同感、认定性。可以这样说，在辽阔的宇宙里，只有一种字音对人们最重要，那就是人们的名字。有人曾问一位金牌销售员："你认为世界上最美妙的声音是什么？"他回答道："听到自己的名字从别人的口中叫出来。"

一见面就叫出对方的名字，会让对方在第一时间就感到亲切、融洽；反之，则会产生疏远、陌生感。所以，对于一名销售员来说，一

见面就叫出客户的名字不是可有可无，而是必不可少。

销售员锡得·李维要拜访一位客户，他的名字非常难读，叫“尼古得玛斯·帕帕都拉斯”，因为难念，别人通常简称他“尼古”。在拜访他之前，李维特地拿出几分钟的时间来练习他的名字。

当李维敲开门，用全名问候他：“早安，尼古得玛斯·帕帕都拉斯先生”时，对方似乎难以置信，目瞪口呆地看了李维好几分钟。最后，他的眼中竟出现了眼泪，他说：“李维先生，我待在这个国家的15年中，没有听过别人用我的全名来称呼我。”可想而知，销售员锡得·李维赢得了这位客户的认可。

准确而有礼貌地喊出对方的名字，在推销工作中起着至关重要的作用，这种技巧被营销界的人士称为“记名推销法则”。你想一想，对于一见面就能叫出你名字的人，你怎么不倍感亲切呢？相反，如果你将对方的名字忘记了，或者叫错了，你的形象就会大打折扣。美国前总统罗斯福说：“一种既简单但又最重要的增加亲密感的方法，就是牢记住别人的姓名，并且在下一次见面时喊出他的姓名。”

在美国，“钢铁大王”卡内基的名字是个传奇，他与“汽车大王”福特、“石油大王”洛克菲勒曾经影响着整个美国的金融状况。卡内基本人就是一个非常善于利用人们对自己姓名重视的心理来说服别人的企业家。

卡内基孩提时代在苏格兰的时候，有一次抓到一只兔子，那是一只母兔。他很快发现了一整窝的小兔子，但没有东西喂它们。他于是想了一个很妙的办法。他对附近的那些孩子们说，如果他们找到足够的苜蓿和蒲公英，喂饱那些兔子，他就以他们的名字来替那些兔子命名。

这个方法太灵验了，结果许多孩子争着去为他寻找兔粮。

好多年之后，卡内基在商业界利用这同样的方法，赚了好多好多的钱。例如，他希望把钢铁轨道卖给宾夕法尼亚铁路公司，而艾格·汤姆森正担任该公司的董事长。于是，卡内基找到了艾格·汤姆森，说他正准备在匹兹堡建一座大型钢铁厂，决定取名为“艾格·汤姆森钢铁工厂”，汤姆森听后非常高兴，这桩生意很快就达成了。

当卡内基和乔治·普尔门为卧车生意而互相竞争的时候，这位钢铁大王又想起了那个兔子的经验。

当时，卡内基控制中央交通公司，他极想与联合太平洋铁路公司合作，而普尔门的公司也想做成这桩买卖，两家公司你争我夺，竞争异常激烈，以致最后毫无利润可言。卡内基和普尔门都去纽约参加联合太平洋的董事会。有一天晚上，两个人在圣尼可斯饭店见面了。

卡内基说：“晚安，普尔门先生，我们争得你死我活岂不是在出自己的洋相吗？如果合作你看怎么样？”

“你打算怎么办？”普尔门问道。

卡内基把他心中的话说了出来，他希望两家公司停止无休止的争夺，转为合作，并大肆渲染合作的好处，闭口不谈两家公司的竞争。普尔门仔细倾听着，但他并没有完全接受。最后他问：“这家新公司叫什么名字？”

卡内基立即说：“普尔门皇宫卧车公司，当然。”

普尔门的目光一亮，高兴地说：“到我的房间来，我们来讨论一番。”

这次的讨论改写了一页工业史。

中国有句古话：“雁过留声，人过留名。”对于一个人来说，自己的名字是所有语言中最突出，最动听的声音。所以，如果你想获取别人的好感，那么就请记住他的名字吧！

选择客户感兴趣的话题

戴尔·卡耐基在《人性的弱点》一书中说过这样一段话："在去钓鱼的时候，你会选择什么当鱼饵？即使你自己喜欢吃起司，但将起司放在渔竿前端也钓不起半条鱼。所以，即使你很不情愿，也不得不用鱼喜欢吃的东西来做鱼饵。"

其实，在与人交谈的时候，也应该如此。在销售工作中，我们常常会有这样的体会：与自己没有共同语言的客户一起交谈时，会感觉到非常别扭、尴尬。一旦遇到这种情况，我们就需要转换思路了。若是从对方感兴趣的话题入手，投其所好，则往往能"钓上大鱼"。

一次，王川和一位销售员朋友去拜访一位教授，那位教授为人严肃，平时不苟言笑。坐了半天，除了开头说几句应酬话，剩下的只是让人尴尬的沉默。

忽然，朋友的眼睛落在他家的鱼缸上，鱼缸里有几尾色彩斑斓的热带鱼。王川知道这鱼叫"地图"，自己也养了几条，还很得意地为这位朋友介绍过。见他目不转睛地看，王川心里纳闷，他又不是没见过，怎么这样？

教授见朋友神情专注，就笑着问："还可以吧？这是我新买的，见过吗？”王川刚想开口：“见过，我家也养着几条呢！”朋友却抢先说：“还真没见过。真漂亮，叫什么名字？”王川不解地看看他，心想：“失忆了吗？不是上个月才到我家看过吗？”

教授一听此言，顿时两眼放光，他神采飞扬，大谈了一通养鱼经，朋友听得连连点头。那位教授像是遇到了知己，侃侃而谈，不知疲倦地给他讲起每条鱼的来历、名称、特征，气氛顿时活跃起来。他们本来打算坐坐就走，不料教授一再挽留，直到晚饭后才放他们走，临走时硬塞给那位朋友几尾小鱼，并一直把他们从七楼送到楼下。

一句谎话使教授前后判若两人，本来几乎陷入僵局的交谈又顺利进行下去了，这都归功于那位朋友的一句谎话。若据实相告，那很可能就会继续尴尬下去。

古人云：酒逢知己千杯少，话不投机半句多。每个人都有自己喜欢并擅长的领域，当你进入这个领域的时候，对方就会心生知音之感，从而对你另眼相看。因此，想要使交谈以完美收场，就必须要找到一个对方感兴趣的话题，这样才能引起双方的共鸣。

有一些销售新人，往往会一上来就滔滔不绝地为客户讲述自己的产品、自己认为自己的产品与众不同之处、自己认为自己的产品能给客户带来的利益等，但客户不想听这些。相反，如果你能与客户聊他们感兴趣的话题，就可以使交谈变得活泼融洽。等到客户对你产生亲近之意后，再谈销售的事情就比较容易了。

伊斯曼是美国柯达公司的创始人，他曾捐赠巨款在罗彻斯特建造了一座纪念馆、一座音乐堂和一座戏院。为了承接这批建筑物内的座椅，无数制造商展开了你死我活的竞争。但是，找伊斯曼谈生意的商人无不乘兴而来，败兴而归。

“优美座位公司”的经理亚当森也是这千万人当中的一个，不过

他谈判的方式有点与众不同。

在见到伊斯曼本人之前，伊斯曼的秘书告诉亚当森："我知道您急于想得到这批订货，但我现在可以告诉您，如果您占用了伊斯曼先生5分钟以上的时间，您就完了。他是一个很严厉的大忙人，所以您进去后要快快地讲。"亚当森微笑着点点头。

亚当森被引进伊斯曼的办公室后，看见伊斯曼正埋头于桌上的一堆文件，于是静静地站在那里仔细地打量起这间办公室来。过了一会儿，伊斯曼抬起头来，发现了亚当森，便问道："早安，我能帮你一些什么忙吗？"

亚当森没有一开口就提到生意，而是淡淡地说："伊斯曼先生，我刚刚仔细观察了您的这间办公室。我本人长期从事室内的木工装修，但从来没见过装修得这么精致的办公室。"

伊斯曼在惊讶之中抬起头来，高兴地回答说："哎呀！您不提我都忘啦，这间办公室是我亲自设计的，当初刚建好的时候，我喜欢极了。但是后来一忙，一连几个星期我都没有机会仔细欣赏一下这个房间。"

亚当森走到墙边，用手敲了敲木板，肯定地说："这是英国橡木，是不是？""是的"，伊斯曼激动地快要跳起来了："那是从英国进口的橡木，是我的一位专门研究室内橡木的朋友专程去英国为我订的货。"

伊斯曼的心情好极了，他带着亚当森仔细地参观起了他的办公室。他把办公室内所有的装饰一件件向亚当森作介绍，从木质谈到比例，又从比例扯到颜色，从手艺谈到价格，然后又详细介绍了他设计的经过。

亚当森微笑着聆听，时不时点点头。他看到伊斯曼谈兴正浓，便好奇地询问起他的经历。伊斯曼便向他讲述了自己苦难的青少年时代的生活，母子俩如何在贫困中挣扎的情景，自己发明柯达相机的经过，以及自己打算为社会所做的巨额的捐赠……本来秘书警告过亚当森，谈话不要超过5分钟。结果，亚当森和伊斯曼谈了一个小时，又一个小时，一直谈到中午。

最后伊斯曼对亚当森说："上次我在日本买了几张椅子，放在我家的走廊里，由于日晒，都脱了漆。昨天我上街买了油漆，打算由我自己把它们重新油漆好。您有兴趣看看我的油漆表演吗？好了，到我家里和我一起吃午饭，再看看我的手艺。"

午饭以后，伊斯曼便动手，把椅子一一漆好，并深感自豪。直到亚当森告别的时候，两人都未谈及生意。最后，亚当森不但得到了大批的订单，而且和伊斯曼结下了终生的友谊。

可见，只要你摸透了客户的兴趣爱好，就能把话说进对方的心里去。当你积极主动地迎合对方的兴趣，为他送上一顿"美味大餐"时，对方能无动于衷吗？

在短时间内要了解到客户的秉性爱好，其实并不困难，他的领带、烟盒、鞋子、打火机、墙上的画、沙发的质地等等，都会向你袒露对方的习惯和修养。如果你能按照这个思路继续追踪下去，你就能赢得客户的信任。这样，成交也就不再是什么难事了。

一句话唤起客户的好奇心

心理学家认为，人的本性是不满足，好奇心就是人们希望自己能知道或了解更多事物的不满足心态。

当第一个北京人把被“天火”烧焦的野味放入口中时，当一名画家抵挡不住“毒果”西红柿的诱惑而把它吞下肚时，当一个苹果砸到牛顿的头上时，好奇心便产生了。好奇心让人类走出了“茹毛饮血”的时代，迈入了辽阔无边的太空。

人类如果缺乏好奇心，就会大大降低成功的概率。德国化学家李比希把氯气通入海水中提取碘之后，发现剩余的母液中沉积着一层红棕色的液体。他虽然感到有些奇怪，但并未放在心上，武断地认为这不过是碘的化合物，只在瓶上贴张标签了事。直到以后一位法国科学家证实是新元素溴，李比希才恍然大悟，他自责自己好奇心的缺失，才导致他轻易地把一项重大的科研成果拱手让于他人。因此李比希称那个瓶子为“失误瓶”，以告诫自己即使对于严肃的科学，也要始终怀有一颗好奇心。

好奇心是人类行为动机中最有力的一种。作为一名销售员，如果能会用、善用客户的好奇心，就会让对方对你产生浓厚的兴趣，从而获得客户的购买机会。

美国有一位非常优秀的空调销售员，被称为“花招先生”。他拜访客户时，会把一个3分钟的蛋形计时器放在桌上，然后说：“请您给我3分钟，3分钟一过，当最后一粒沙穿过玻璃瓶之后，如果您不要我再继续说下去，我就会离开。”

这位销售员会利用身边的一切物品变出各式各样的花样，让客户有耐心听他说话。一次，他问一位客户：“尊敬的先生，您知道世界上最懒的东西是什么吗？”那位客户想了想，摇了摇头。“就是您存起来不花的钱，它们本来可以用来购买空调。让您度过一个凉爽的夏天。”销售员笑着说。

抓住客户的好奇心，是当今营销从业人员必备的素质。客户往往会因为你的一句话或一个动作而被你吸引，这样一来，你才有机会向他介绍你的产品。

当然，唤起客户的好奇心是一门很高深的艺术，它涉及表情、口头语言、肢体语言、行为、礼仪和光学信号等元素。唤起好奇心的方法多种多样，一般情况下，“我能问个问题吗”、“您猜猜看”之类的话就能把对方的注意力拉过来。同时，他们还会想：“这人到底想要说什么呢？”这就是人类好奇的天性。

美国有一个小伙子，名叫鲍洛奇，他在一个叫杜鲁茨城的最为繁华的街道替老板看摊卖水果。

有一天，这条街道上发生了火灾，火势迅速蔓延，数以万计的房屋商铺置于火海之中，顷刻之间化为废墟。鲍洛奇的这个小摊也被波及，当消防人员赶来把大火扑灭时，16箱香蕉已被大火烤得变成了土黄色，表面还出现不少小黑点。

这么多的香蕉白白扔掉可太可惜了，老板决定把它们降价处理，这一任务被交给了鲍洛奇。

鲍洛奇没有办法，只好硬着头皮把香蕉摆到摊上，拼命吆喝。但是，人们一看到香蕉的模样，都会失望地扭头就走。任凭鲍洛奇使出浑身的解数来解释，也无济于事。到傍晚的时候，鲍洛奇把嗓子都喊破了，却连一根香蕉也没卖出去。

晚上，又累又沮丧的鲍洛奇守着香蕉睡不着觉。他若有所思，重新检查了一遍香蕉。香蕉没有变质，只是皮上有些黑点，且因为烟熏火燎，吃起来反而别有风味。鲍洛奇灵机一动，计上心来。

第二天，鲍洛奇又把香蕉摆出来，并在旁边立了一个牌子："烟熏阿根廷香蕉，南美风味，全城仅此一家。"

很快，这块别具特色的广告牌就吸引来了很多顾客。他们把水果摊团团围住，好奇地盯着面前的"烟熏阿根廷香蕉"，却没有一个人买。因为谁也不知道这其貌不扬的"烟熏阿根廷香蕉"到底是真的还是假的。

看到这么多人围到自己的摊位前，鲍洛奇兴奋极了，立刻说："烟熏阿根廷香蕉，烟熏阿根廷香蕉！最新进口的。这种香蕉产在阿根廷靠海的地区，阳光充足，水分多，风味独特！"

人们还是将信将疑，鲍洛奇不失时机地问一位穿着得体的小姐："小姐，请问您以前尝过这种'烟熏阿根廷香蕉'吗？"那位小姐笑着摇了摇头。

"那请您品尝一下吧。我向您保证，这一定是您吃到过的最美味的香蕉。"鲍洛奇一边说着，一边麻利地将一根剥了皮的香蕉送到小姐的手上。

吃完后，小姐赞不绝口："嗯，不错，真是有一种独特的香味。来，给我称10磅吧。"

既然有人带头，而且说味道独特，大家不再犹豫，纷纷掏出钱来，想尝尝"烟熏阿根廷香蕉"到底是什么样的独特味道。于是你来5磅，他来3磅，很快，16箱被大火烤过的香蕉竟然以高出市价一倍的价钱卖得精光。

由此可见，在销售过程中唤起客户的好奇心，是一种行之有效的办法。能够引起客户的好奇心，就表示你的销售工作已经成功了一半。在唤起客户的好奇心时，你要尽量做到得心应手，不留痕迹。

一位犹太书商出了一本书，销量极差。他急中生智，送了一本给美国总统看。总统顺口说了句："这本书很好。"于是书商就对外宣传："这是一本让总统说好的书！"结果该书被抢购一空。

第二次，犹太书商又出了本书，再次给总统送了一本。总统心想，上次让你赚了钱，这次我就说不好，看你怎么办？于是就说："不好！"结果书商就宣传："这是一本让总统说不好的书！"结果还是被抢购一空。

第三次，书商又送一本书给总统，总统这次学精了，不做任何表态。这也难不倒犹太人，这次书商这样宣传："这是一本让总统都不置可否，无法下结论的书！"结果，这本书卖得更好。

爱因斯坦说："我没有别的天赋，我只有强烈的好奇心。我没有别的才能，不过喜欢寻根究底地追问问题罢了。"每个人都有好奇心，作为一名销售员，你所要做的就是激发出客户的好奇心，让客户把注意力集中到你的身上。这样，你就可以继续通过询问有关问题来逐步引导销售程序的展开了。

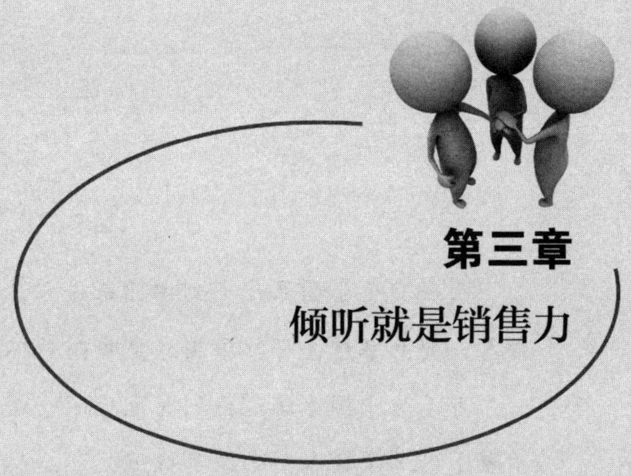

第三章 倾听就是销售力

乔·吉拉德曾经告诫销售员说："不要过分地向客户显示你的才华。成功推销的一个秘诀就是80%使用耳朵，20%使用嘴巴。"客户的话就是一张藏宝图，顺着他的话就能找到宝藏。一位出色的销售员，肯定懂得倾听客户的抱怨、建议和异议。倾听是一个十分重要的技巧，往往能起到"此时无声胜有声"的效果。

成功销售的秘诀：80%使用耳朵，20%使用嘴巴

西域有个小国派使者到中国来进贡，使者进贡了三个一模一样的金人，金碧辉煌，可把中国老皇帝高兴坏了。

可是这小国不厚道，同时也出了一道非常棘手的题目："请问皇帝陛下这三个金人哪个最有价值？"

皇帝想了许多的办法，请来珠宝匠检查，称重量，看做工，都是一模一样。怎么办呢？泱泱天朝上国，不会连这件小事都不懂吧？

最后，无法可想的皇帝请来了护国大禅师，希望他能运用神通帮忙解决难题。

不一会儿，禅师被请上金殿。禅师接过金人端详了一番，然后吩咐下人取三根稻草来。禅师把稻草插入第一个金人的耳朵里，这稻草从另一边耳朵出来了；第二个金人，稻草从嘴巴里直接掉出来；而第三个金人，稻草插进去后掉进了肚子，什么响动也没有。

禅师说："第三个金人最有价值！"

使者默默无语，正确答案的确如此。

这个故事告诉我们：最有价值的人，不一定是最能说的人。

古希腊先哲苏格拉底说："上天赐人以两耳两目，但只有一口，

欲使其多闻多见而少言。”寥寥数语，形象而深刻地说明了“听”的重要性。

成功的销售是一门艺术，而学会这门艺术有一个最大的法宝，那就是倾听。善于倾听的销售员，往往在销售的路上能够走得更远。

美国知名主持人林克莱特有一天访问一名小朋友，问他说：“你长大后想要当做什么呀？”小朋友天真地回答：“嗯……我要当飞机的驾驶员！”林克莱特接着问：“如果有一天，你的飞机飞到太平洋上空所有引擎都熄火了，你会怎么办？”小朋友歪着脑袋想了想：“我会先告诉坐在飞机上的人绑好安全带，然后我挂上我的降落伞跳出去。”

此言一出，底下的人哄堂大笑，都觉得这个孩子是个自私的小孩，只顾着自己的安全却抛弃了乘客。林克莱特忍住了笑，继续注视着这孩子，想看他是不是自作聪明的家伙。没想到，接着孩子的两行热泪夺眶而出，这才使得林克莱特发觉这孩子的悲悯之心远非笔墨所能形容。于是林克莱特问他说：“为什么你要这么做？”小孩的答案透露了这个孩子真挚的想法：“我要去拿燃料，我还要回来！”

善于倾听，是一个人高智商的表现。美国斯坦福大学的一位教授发现，在与他人沟通时，80%的倾听加上20%的说话便能达到理想的效果。而且他还指出，人们在日常语言交往活动中，听的时间占了50%，说的时间大约为30%，剩下的20%就是读和写了。从这些数据中我们可以看出来，倾听在一个人的日常生活中是多么重要。

著名作家陶勒斯·狄克说：“要把耳朵而不是嘴巴借给别人，这才是通向成功的捷径。”销售虽然离不开良好的口才，但是光说不听，则又可能适得其反。很多人便在这上面吃了亏。

乔·吉拉德刚做销售员时，有一次向一位客户销售汽车，交易过程十分顺利。当客户正要掏钱付款时，另一位销售人员跟吉拉德谈起昨天的篮球赛，吉拉德一边跟同伴津津有味地说笑，一边伸手去接车款，不料客户却突然掉头而走，连车也不买了。吉拉德苦思冥想了一天，不明白客户为什么对已经挑选好的汽车突然放弃了。夜里11点，他终于忍不住给客户打了一个电话，询问客户突然改变主意的理由。

客户不高兴地在电话中告诉他："今天下午付款时，我同您谈到了我们的小儿子，他刚考上密西根大学，是我们家的骄傲，可是您一点也没有听见，只顾跟您的同伴谈篮球赛。"

吉拉德明白了，这次生意失败的根本原因是因为自己没有认真倾听客户谈论自己最得意的儿子。

从上面的这个例子我们可以看出，认真聆听客户的话，并从话中找出客户的真正需求，是销售成功的前提。所以，一位好的销售员，必然是一位好的听众。认真的倾听，带给客户的不仅仅是礼貌，更是一种尊重，让客户感觉到自己的话有一定的分量。这样一来，他肯定会以热情和感激来回报你的真诚。

一年卖出60辆雷克萨斯的销售员千叶曾这样说："每名客户都像一本书，你要用心听才读得到。"

10年前，千叶还只是个默默无闻的销售员。客户上门，三句话后她就不离"车"，因此业绩总是挂零。直到有一天，一位客户跟她说："你就不能闭嘴吗？"这话对她来说，无疑是当头棒喝。此后，她每次都会让客户先说话。

一次，有位企业老板娘来店里看车，同事亲热地走上前去问候："您要来看车吗？"老板娘不悦答道："来你们这儿，不看车看什么？"这时，只见千叶静静端上一杯水站在一旁，不发一语。

老板娘开口："你们业务员的服务态度很差，车卖得又贵。"只见千叶虚心请教："您说得非常对，您能给我们提提意见吗？"她挽着对方的手往贵宾室里坐下，门一关。半个小时后，一笔20辆车的订单就到手了。

同事们很奇怪地问她："你施了什么法术呢？"千叶静静地说："我什么都没做，只是听她抱怨了20分钟。"原来，这位客户早就锁定了一款车型，但逛了几间车行都没碰到满意的销售员。而千叶只是用心倾听抱怨，一边回应，同时也整理自己的思绪。等客户气消后，她开始与对方聊起家庭生活的经验。不到30分钟，交易就完成了。

世界上最难的事不是别的，而是闭上嘴巴，如果你不闭上嘴巴，就无法张开耳朵，你也就会失去无数的机会。拿破仑·希尔说："专业听别人讲话的态度，是我们所能给予别人的最高赞美。"高明的销售是自己只说三分之一的话，把三分之二的话留给客户去说，然后倾听。这样，销售员就可以从客户的话里找到客户关心的问题，真正"听懂"客户，同时让客户感到你的重视与关怀，为销售奠定良好基础。

你越是滔滔不绝，愚蠢越会暴露无遗

我们生活在一个有声的世界里，声音扮演着非常重要的角色。风吹树叶的沙沙声、小鸟欢愉的鸣叫声、海浪拍击岩石的巨响声……这些声音都能触动我们的心灵，给予我们无穷的力量。但我们却往往忽视了另一种力量——沉默的力量。

沉默的力量来自内心深处，是一种处变不惊的坦然与镇定，是一种无可撼动的宁静与自信。《墨子·墨子后语》中记载，子禽向自己的老师墨子请教道："多说话有好处吗？"墨子答道："蛤蟆、青蛙，白天黑夜叫个不停，叫得口干舌燥，却从来没有人注意它们。再看那雄鸡，在黎明按时啼叫，天下震动，于是人们都注意它。多说话有什么好处呢？只有在切合时机的情况下说话才有用。"

《谈话的艺术》的作者古德曼说："沉默可以调节说话和听讲的节奏。沉默在谈话中的作用，就相当于零在数学中的作用。尽管是'零'，却很关键。没有沉默，一切交流都无法进行。"

作为一名销售新人，在不熟悉自己的行业和产品，没有营销经验的情况下，最好不要一上来就滔滔不绝地说话，所谓"多做多错，少做少错，不做不错"，选择沉默，就从根本上避免了犯错误的可能性。

美国大发明家爱迪生发明自动发报机之后，他想卖掉这项发明专利和制造技术，然后建造一个实验室。因为不熟悉市场行情，不知道能卖多少钱，爱迪生便与夫人米娜商量。

米娜也不知道这项技术究竟值多少钱，她一咬牙，发狠心地说："要两万美元吧。你想想看，一个实验室建造下来，至少要2万美元。"

爱迪生笑着说："两万美元，太多了吧？"米娜见爱迪生一副犹豫不定的样子，说："要不然，你卖时先套商人的底线，让他出个价再说。"

当时，爱迪生已经是一位小有名气的发明家了。美国一位商人听说这件事，愿意买下爱迪生的自动发报机发明专利和制造技术。

在谈判时，这位商人问到价钱。因为爱迪生一直认为要2万美元太高了，所以一直不好意思说出口。当时他的夫人米娜上班没有回来，爱迪生于是想等到米娜回来再说。

最后商人终于耐不住了，说："那我先开个价吧，10万美元，怎么样？"

这个价格非常出乎爱迪生的意料，他心中大喜，当场不假思索地和商人拍板成交。后来爱迪生对他妻子米娜开玩笑说："没想到沉默了一会儿就赚了8万美元。"

俗话说："雄辩是银，沉默是金。"美国艺术家安迪·沃霍尔年轻时就领悟到，"光凭语言让别人去做你希望他们做的事情，往往是不可能的"。有一次他告诉朋友说："我明白了，当你闭上嘴的时候，实际上你才更有力量。"

沉默是一种哲学，也是一种最节省资源的说服客户的方法。遗憾的是，很多销售员为了显示自己的口才，往往一上来就长篇大论地表达自己的观点，而全然不顾及客户的感受。这样一来，客户不反感你

才怪。

在一个阳光明媚的日子里，身为一家保险公司销售人员的博恩·崔西按照事先安排好的销售计划去拜访一对拥有11个孩子的夫妻。在最近的一次调查中，博恩·崔西得知，这对夫妻中的丈夫刚刚死于一场车祸，所以，他的这次拜访实际上面对的是一位刚刚失去丈夫的女士。

当走进这户人家时，博恩·崔西首先看到了身着黑色套装的女主人，女主人脸上的神色显得很悲伤。在听完博恩·崔西的自我介绍后，女主人表示最近自己没有心情做任何事情，博恩·崔西表示，他已经知道了一切，此次来只是想为故去的男主人献上一束花，同时也希望女主人要节哀、保重身体，因为还有很多孩子需要她照顾。

在向男主人的遗照献上鲜花之后，女主人邀请博恩·崔西坐下来喝一杯咖啡。之后，女主人开始向博恩·崔西谈论那场突如其来的车祸以及车祸之后的悲痛。女主人悲伤极了，博恩·崔西无法用合适的语言安慰她，只能保持沉默。最后，女主人描述完自身的悲痛之后，又说明自己目前没有任何心思去为孩子们购买保险，她告诉博恩·崔西不要在她这里浪费时间了。听到女主人的拒绝，博恩·崔西说："如果您现在为孩子们购买储蓄保险的话，那么即使您以后没有固定收入，孩子们的教育和未来也不至于无以为继。"然后，他开始一言不发。

在博恩·崔西的沉默中，女主人边思考边抚摸着依偎在她身边的小儿子的头顶。过了将近10分钟之后，女主人表示，她决定为所有的孩子都购买一份储蓄保险。

在跟客户接触时，越是善于倾听、沉默的销售员，销售成功的可能性也就越大，因为一个人的智慧是体现在他严密的思维、精准的判断和渊博的知识上，而不是体现在舌头的速度上。

犹太法典《塔木德》上说："应该由心来操纵舌头，而不应该由舌头来操纵心。沉默不会使人后悔。"犹太人认为，在商业或私人交际中，无言常常是最好的选择之一。销售工作并不是要求销售员每时每刻都口若悬河，因为，对于很多人来讲，言多必有失。适时保持沉默，给客户留下思考的空间，也许会给你的销售工作带来很大的转机。

在中国古代，有个以养马为生的农民。一日，他牵着一匹烈马到集市上去卖，途中感到饥饿，于是到一家小饭馆去吃饭。他刚坐下，看见有一个商人模样的人也牵着一匹马走了过来，那个人顺手也要将马拴在这个农民拴马的那棵树上。农民见了急忙过去对商人说："我这匹马还没有驯服，秉性十分暴躁，它会把你的马踢死的，所以你还是拴到别处吧。"谁知，那商人非但不听农民的劝告，还十分无礼地说了几句很难听的话，把马拴好后也进了小饭馆。

正当大家都在用餐时，就听见外面响起了马的嘶叫声，人们急忙跑出来看发生了什么事。商人和农民也跑了出来，只见商人的马已经躺在地上奄奄一息了，不用说，肯定是被农民的马踢伤的。于是，商人拽住农民不放，要农民赔他的马，否则就拉他去见官。农民自然没有钱赔他，于是他们闹到了衙门。县令听完商人的讲述之后，向农民提出了许多问题，可农民始终装作没听见，闭口不言。

县令无奈地说："此人是个哑巴，此案无从判起啊！"商人气得暴跳如雷，大喊道："他不是哑巴，刚才他还叫嚷呢！"

县令听了，就问那个商人："你说他不是哑巴，那他刚才说什么了？"

商人此时已经丧失了理智，便将刚才自己拴马时农民规劝自己的话复述了一遍，说完还得意地说："您看，他不是哑巴吧！"

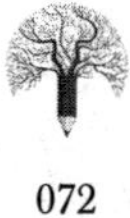

县令听完此话后，沉着脸说："他果然不是哑巴，但他既然奉劝过你，你不听劝怎么还怪别人呢？你的马也没有理由让他来赔偿了。"

这时候，那个沉默了半天的农民才开口了："小人刚才沉默，就是想借他的口说明事情的原委，现在谁是谁非已经很清楚了，我也不用再装哑巴了！"

当然，沉默仅仅只是开始，不能一条道走到黑，成了一个哑巴。一个销售员要在营销行业生存下去，一味沉默当然是不行的。鲁迅说："不在沉默中爆发，就在沉默中灭亡。"沉默不是教人不说话，而是教人在说话前深思熟虑，三思而后说。沉默之后应该有"一鸣惊人"的语言，这样才能真正打动客户，起到画龙点睛的作用。

听出客户话语中的“弦外之音”

常言道：相同的一句话在不同的环境下，表达的意思各不相同，且十个人听就有十种不同的理解。这样的语言表达形式，我们通常称之为“弦外之音”。人与人在言语的沟通过程中，弦外之音更是一个重要的组成部分。

在《西游记》第一集中，有这样一个片段：孙悟空历尽千难万险，去见菩提祖师，天天哀求师傅教他上天入地的法术。后来菩提祖师看这只猴子很聪明，于是就在它的脑袋上敲了三下，背着手走进里间，随手关了中门。当天夜间，悟空与众弟子睡下，约莫到了三更，悟空悄悄爬起来，出了前门，来到后门，后门果然没关，走进去，见师父面朝里睡得正香，就跪在床前。过了一会儿，祖师醒来了，祖师醒来，悟空说：“师父，弟子跪候多时了。”祖师坐起来，喝问：“你这猢狲，不好好睡觉，来这里干什么？”悟空说：“师父照我头上打三下，是说三更时分，背着手进入中门，是叫我走后门。师父当众允下我，我就大胆来了。”祖师心中高兴，就把长生不老的秘诀传授给悟空。

在销售工作中，客户的许多需求都是隐性的，他们往往不愿意直观地表达出自己真正的想法。销售员如果不仔细琢磨或者理解错误，

就很难把握客户的真正心理，容易形成误解，对于本次销售来说，成功的概率就会变得很小。

有一户农家，住在半山腰上，平日辛勤种田，生活虽不富裕，但还算过得去，只是如果有个额外的开销，经济就会变得很吃紧。

话说这天，男主人很久以前认识的一个普通朋友，虽然很少见面，但是交情还算不错，见他千里迢迢来访，一家人非常高兴，于是好酒好菜，男主人高兴地与他聊到天明。

谁知这客人一住下来，就没完没了了，连续住了很长一段日子，而且似乎没有打道回府的意思。

这个时候，家里的菜已经快要吃光了，偏偏正逢梅雨季节，户外的雨从来没有停过，无法下山去买些存粮，真是糟糕。

妇人对丈夫说："都没吃的了，你快想想办法啊！"丈夫无奈地回答："他不走，我总不能请他自己离开吧！"妇人说："不管你怎么做，反正已经没米下锅、没菜可吃了，你再不解决，我们三个人就一起饿死好了！"妇人越说越气，说完之后，就拂袖而去，留下不知该如何的主人。

隔天，吃完饭后，主人陪着客人聊天，并看看窗外的景致，谈谈过往的回忆。这时候，主人忽然看到庭院的树上有一只鸟正在躲雨，而且这只鸟的体型非常大，是以前都没有见过的鸟类。于是，主人灵机一动，对着客人说："你远道而来，这几天我都没有准备什么丰富的菜肴招待你，真是不好意思！"

"别这么说，我觉得一切都很好，不但你和嫂子款待周到，而且吃得好、睡得好，感激不尽呢！"

"看，窗外树上有一只鸟呢，以前见过吗？"

"看到了。怎么啦？"

"我等一下准备拿斧头把树砍了，然后抓那只鸟来煮，晚上我们喝酒时，才有下酒菜呀，你觉得如何？”

客人想了半天，十分疑惑地问：“当你砍树的时候，可能鸟儿早就飞掉了吧，你怎么抓它呢？”

主人悻悻然地看着完全不了解主人用心的客人，说：“怎会呢，在这个人世间，还有更多不知人情世故的呆鸟，大树都已经倒了，都还不知道要飞呢！”

上文中的这位客人就是听不懂别人弦外之音的人，这样的人，走到哪里都不会受到欢迎。在销售过程中，客户所说的一些话有时候属于暗语或者存在双重意义，这时候你一定要结合当时的语境仔细辨别，因为这些话往往透露了客户最真实的想法。

比如，当客户说“我再考虑一下”时，这句话就包含着多层意思。可能是客户真的想要认真地考虑一下到底买还是不买；也可能是客户对你的产品一点兴趣都没有，说这样的话只是为了顾及双方的面子。面对这种情况，你需要充分调动自己的领悟能力，结合客户的表情、动作、语调等多方面的信息，准确地把握客户这句话中包含的真正含义。

一旦你听懂了客户的弦外之音，他就会对你心生知音之感，并且还会更加尊重你。这样一来，销售工作就水到渠成了。

三国时候，曹操有个谋士叫杨修。他聪明颖悟，才识过人。曹操曾经建造了一座相府花园。花园门建成后，曹操亲自去看，手下人说：“请丞相看看这座门建得合适不？如果有毛病再改建。”曹操看了一会儿，也不说园门建得怎样，只是取笔在门上写一个“活”字就走了。手下人都不知道曹操的意思，很是着急，害怕没有按照丞相的要求进行改建将会受到责备，于是就请教相府的众谋士。别人都不知道是什么意思，唯有杨修说：“这是件容易的事。‘门’中‘活’

字，乃是一个‘阔’字，就是丞相嫌园门太阔。”众人听后，都说有道理。于是，重新改造园门，改造完毕，又请曹操来看。曹操看后很满意，问道：“这是谁猜着了我的意思？”手下人说：“是杨修。”曹操当众把杨修夸奖了一番。

还有一次，有人从塞北送给曹操一盒酥。曹操在盒上写了“一合酥”三个字，放在桌上。众人见了都不了解丞相的意思，放了几天没人敢动一下。这时，杨修看见了，什么也不说，竟然把装酥的盒盖掀开，用汤匙分给众人，每人吃一口。事后，曹操问杨修：“你怎么把我的一盒酥分给大家吃了？”杨修说：“丞相在盒上明明写着‘一人一口酥’，怎么能违抗丞相的命令呢？”曹操满意地点点头。原来，曹操所写的“一合酥”，就是将“合”字拆为“人一口”，通读起来就是“一人一口酥”。

无数的事例告诉我们，弦外之音中可能隐藏着重大的机遇，一旦突破了表面的阻碍，那么交易就会水到渠成。所以，善听弦外之音是一种能力，同时他也是一种智慧。一个销售员要是能在每一次交谈中都能读懂客户的言外之意、弦外之音，那么他就能很轻松地达成交易、提升业绩。

以客户为中心，保证谈话的顺利进行

现代社会，商业竞争越来越激烈，客户也越来越挑剔，销售员面临着越来越大的压力。随着客户心理的逐渐成熟，他们开始反感那些只关心把产品卖到他们手里的人。所以，要想成为一名成功的销售员，你一定要选择一个正确的出发点，即以客户为中心进行销售，而不是以自我为中心，或者以自己的产品为中心。

一个出色的销售员，一定是一个能引导、启发别人说话的人。比如："王先生，您从哪里来？""您打算在这里待多久？""您觉得这里的天气怎么样？""您喜欢哪些美食呢？有时间的话我想请您去品尝一下。"这样的话题会提起对方的兴趣，从而让对方变得热情起来。

在谈话中，"你"是一个前进的信号，而"我"则是一个停止的信号。要设法把谈话引向对方的兴趣点，多用"为什么""哪里""怎么样"等等。

然而，在现实生活中，很多人更喜欢谈论"我"而不是"你"。比如一位年轻的剧作家，他向他的女朋友谈论自己和他的剧本两个小时后，才淡定地说："有关我已经谈得够多了，现在来谈谈你吧。你认为我的剧本怎么样呢？"这是他此次谈话中出现的第一个"你"，

而且还是为了让对方评价一下自己。结果是显而易见的糟糕，女友站起来："我受够那些该死的剧本了！我要回家，你去跟你的剧本过日子吧！"

记住，销售工作是两个人的游戏，而不是你一个人的演讲。在开口之前，你一定要问问自己："通过这次谈话我究竟想得到什么？"你是想要炫耀和表现自己呢，还是想完成任务？如果你需要的只是前者，那你就只谈自己好了。但是，那样你就别期望通过交谈得到任何别的东西。

所以，在与他人交谈时，给对方创造说话的机会，要比我们自己说好得多。

美国的一家汽车公司要购买一批材料，他们把所有样品看过后，给日本的三个公司发了参加最后谈判的邀请。成败在此一举，所以三个公司的代表都在积极准备。

在谈判的前夕，A公司的代表江崎突然得了感冒，嗓子发炎，说不出话来。事后江崎回忆道："当我进入谈判厅以后，我的嗓子哑得一点话都说不出来。情急之下，我就拿起一张纸，写道：先生们，我的嗓子哑了，不能讲话。然后，我请他们就我的样品发表意见。在后面整个讨论过程中，我所有的语言仅限于微笑、点头和做一些手势，更多的则是倾听。结果没想到，这次我成功地签下了材料合同，真是出乎意料。"

"我开始一直认为，我的嗓子哑了，这份合同就签不成。结果却完全在偶然的情况下发现，给他人创造说话的机会不无好处。"

如果江崎不是因为嗓子哑了，而是通过喋喋不休的介绍来宣传自己产品的话，他不一定能赢得合同。所以，如果想要人们依照你的观点办事，请遵照这条准则去做："以对方为中心，自己尽量少说话。”

日本著名的心理学家、作家多湖辉说：“和人谈话就如同打乒乓球，提出一个话题，就如同发一个球。如果对方是个作家，你就要说：‘听说你又写了一本书，能不能谈谈经验？’这就像在乒乓球赛中，你特意发了个使对方容易接的球，他当然乐于还击。这样一来一往，谈笑风生，你们的关系自然也渐渐就融洽了，你也能够从中获得你想要的东西。”

孟尝君田文是战国四公子之一，齐国宗室大臣。自从孟尝君依靠门客“鸡鸣”、“狗盗”的仿生学天才逃出了秦昭王的魔掌之后，名气大振。后来，他用齐国来为韩国、魏国攻打楚国，又为韩国、魏国攻打秦国，而向西周借兵求粮。

西周的韩庆知道此事后，马上找到孟尝君，对他说：“您拿齐国为韩国、魏国攻楚国，9年才取得宛和叶以北地区，增强了韩国、魏国的势力。如今又联合攻秦国，又增加了韩国、魏国的势力。这样一来，韩、魏两国势力大增，齐国却没有得到任何的好处。就像树木的树根和枝梢更迭盛衰，事物的强弱也会因时而变化，臣私下替齐国感到不安。您莫如使敝国西周暗中与秦国合好，而您不要真的攻秦国，也不必要向敝国借兵求粮。您兵临函谷关而不要进攻，让敝国把您的意图对秦国王说：‘孟尝君肯定不会击破秦国来扩大韩国、魏国，他之所以进兵，是企图让楚国割让东国给齐国。’这样，秦国王将会放回楚怀王来与齐国保持和好关系（当时楚怀王被秦昭公以会盟名义骗入秦地，并被扣押），秦国得以不被攻击，而拿楚国的东国使自己免除灾难，肯定会愿意去做。楚王得以归国，必定感激齐国，齐国得到楚国的东国而愈发强大，而您的地盘也就世世代代没有忧患了。秦国解除三国兵患，处于三晋（韩、赵、魏）的西邻，三晋也必来尊事齐国。”

孟尝君说："很好。"于是便派遣韩庆出使秦国，使三国停止攻秦国，从而让齐国不向西周来借兵求粮。

韩庆劝说孟尝君的目的，是为了让他打消向西周借粮的念头，但聪明的韩庆并没有一开口就说出这个目的，而是站在齐国的立场上，以齐国为中心，事事为齐国着想，这样一来，他的目的便很轻松地达成了。作为一名销售员，也应该学习韩庆的这种谋略，以客户为中心，暂时不要考虑自己，一切行动都围绕着"最大限度上满足客户的要求"展开，这样一来，定能取得可喜的效果。

还有一点需要记住，千万不要与客户争辩，千万不要以为你辩赢了客户，客户就会购买，有时你赢得辩论的同时也就失去了客户。客户永远是上帝，满足他的要求是第一位的，如果你真的不能满足他，也就不要满足自己的虚荣心，这样会让他人另眼相看。

不想让客户讨厌你，就不要打断客户的话头

销售员："王经理，据我观察，你们公司自己在维修电脑方面花的钱，要比雇佣我们来干，花的钱还多，对吗？"

王经理："话是不错，我们自己干确实也不划算，可是，毕竟我们是第一次合作，我怕……"

销售员："不好意思，我能插一句吗？您知道的，我们公司在这方面的人才都是非常专业的……"

王经理："这个我相信，不过你误会我的意思了，我的意思是……"

销售员："您的意思我明白，您的下属即使有专业的人才，维修这么多电脑也得花费很多的时间吧？"

王经理："你还是不明白我的意思，现在我们公司……"

销售员："再打断您一下，好吗？我只想说一句话，我认为……"

王经理："好了，不用再说了，你可以出去了！"

这位销售员之所以被下了逐客令，原因就是他三番五次地打断了客户的话。在与人交谈的时候，谁都喜欢当谈话的主角，谁都不喜欢

别人乱插话。想象一下，当一个人正兴致勃勃地讲一件事，四周也围满了听得津津有味的听众时，你突然插嘴："喂，这是在昨天新闻上看到的事吧？"无故被你打断说话，说话的那个人绝对不会对你有好感，而且其他人很可能也觉得你不懂事。

英国克兰菲尔德管理学院的HE·麦克唐纳博士在他编撰的《神奇推销术》一书说："让客户充分表达他的异议，即使你知道他下一句要说什么，也不要试图打断他。对客户要有礼貌，要认真听他所说的，尽力做出反应，给予巧妙的而非狡诈、装腔作势的回答。没有一个买主会喜欢自作聪明的销售员，除非销售员表现出对买主及其问题有兴趣，否则他永远不会赢得买主的信任。"

随意打断别人的话，是最失礼的行为。即使你认为自己多么有学问、有见识、有智慧，也应该在与人谈话的时候少说多听，这不仅是对别人的一种尊重，更体现了你的内在修养。

一天，丹尼尔请了自己的朋友——一对美国夫妇、一位德国记者、一位日本朋友和一位波兰女士在家共进晚餐。在人们互相介绍、寒暄之后，大家基本上都了解了对方的姓名和工作性质。

当晚餐开始时，在餐桌上波兰女士又开始逐个问及客人们的情况："对不起，你刚才说你是做什么工作的？"在座的人又一次重新介绍自己，她时不时地在别人还未讲完话时就插话："噢！这让我想起了……"然后，不经思索、喋喋不休地道出一段毫不相干的故事。礼貌的客人们耐心地听她无穷无尽的乏味故事，善于平和局面的丹尼尔不时地找借口接过话题，以便使别人有讲话的机会。

丹尼尔问美国朋友："艾丽，听说你最近组织了一个慈善活动，为非洲儿童捐款。怎么样了？""噢，可怜的非洲儿童，他们生活在不可想象的条件下……"波兰女士未等艾丽回答，又接上了话题。

"请喝酒，"丹尼尔又礼貌地找借口截住了她可能会无休止进行下去的话题，“克里斯多夫，你太太在柏林怎么样？”丹尼尔问德国记者。“她快生产了。”德国记者回答。

“噢，上帝呀，她一定要小心难产，当年我生宝宝的时候，发生了难产……”波兰女士又一次接过了话题。这一次，她飞快地讲着，再也没有留给丹尼尔可以插话的机会。客人们吃着美味的晚餐，听着血淋淋的难产故事。很快，美国夫妇和日本朋友找借口帮助清理餐桌，躲进了厨房不再出来，只留下可怜的德国记者在分享她难产的故事。

事后，丹尼尔说：“我非常抱歉，今天晚上的谈话失去了控制。”美国夫妇说：“一个让人难以忘却的女人。”从此，这个波兰女士再没有出现在丹尼尔的家庭晚会上。

在我们的身边，有很多像这位波兰女士这样乐于表现自己的人。他们总喜欢在别人面前夸夸其谈，并用自己的话把对方的话头堵死，以为这样，就能显示自己的博学多才。殊不知，这种做法只会适得其反，让别人增加对你的厌恶感。

培根曾说：“打断别人，乱插话的人，甚至比发言冗长者更令人生厌。”对于销售员来说，在与客户交谈时绝不能随意打断客户的话，而应让他心平气和地把话说完，即使对方说的话再怎么离经叛道，你也要认真地听下去。

张泽在自己的镇上盖起了一套三层的楼房，当房子三层刚封顶时，几个朋友在他家吃饭。席间，来了一位专门安装铝合金门窗的销售员。

那位销售员一见到张泽，就马上双手捧上名片，向他推销自己的产品。张泽听后说：“虽然我不认识你，但你刚刚的一席话的确打动了我，我觉得你的经验非常丰富，这个价格也适中……只是，在你来之前，我们厂里一名下岗钳工已经向我提起过这事了，说他下岗了，

门窗安装之事让他来做……"

张泽的话还没说完，那位销售员便插嘴说："你说的是那个个体户老王吧？就他那点敲敲打打的小手段怎么能跟我们正规公司比呢？"

此言一出，张泽的脸就阴了下来，他冷冷地说："不错，他的技术是没你们好，也没有你们那先进的设备，但他已经下岗在家了，资金不够丰厚，只能这样慢慢完善。出于同事之间的交情，我也不能不给他做！"

那位销售员只好灰溜溜地走了。张泽回过头来对朋友们说："这个销售员太没眼力了，我的话本来是想暗示他，做铝合金门窗的人很多，不光他一个上门来找业务，希望他能稍微降点价。没想到他那么粗暴地把我的话打断了。哼！我宁愿再多掏点钱，也不会跟这样的人合作。"

心理学上有一个心理定势：当一个人心里藏着事的时候，他就会启动心理定势准备讲话，直到他把话讲完，他才能听进别人所说的话。所以，当你想表达意见的时候，最好先一字不漏地听完对方讲的话，这既是对对方的尊重，也是对方认真听你说的关键。

艾萨克·马科森是世界知名的记者，他采访过无数个著名人物。他说："很多人之所以没能给人留下好印象，就是由于他们不善于注意听对方讲话。他们如此津津有味地讲着，完全不听别人对他讲些什么。许多知名人士对我讲，他们推崇注意听的人，而不推崇只管说的人。然而，看来人们听的能力弱于其他能力。"

一个精明的销售员在与客户交谈时，他大脑的思维会紧紧地跟着对方的话走，并时不时地点头表示同意对方的观点。这种人是社交的高手，也很容易取得客户的认可。所以，要想获得好人缘，要想轻松完成销售任务，就必须戒掉随便打断别人说话的陋习，在别人说话时千万不要插嘴。等他们说完了，你再发表自己的见解也为时不晚。

用适当的提问协助对方把话说下去

随着社会经济的发展，人们的生活节奏越来越快，客户留给销售员面谈的时间也越来越短。如何在最短的时间内，让客户对你的产品感兴趣，成了销售工作的重中之重。

世界级销售培训大师伯恩·崔西说："如果你能提问，就永远不要开口说。"正确的提问才能引起客户的注意，引发客户的思考，掌握主动，取得销售成功。

对于一名客户来说，当他说了一大堆后，如果得不到你的回应，尽管你在认真地听，对方也会认为你心不在焉。所以，你可以在客户话语停顿的间歇，用很短的评语或者问题来表示你在用心听，如"真的吗？"、"太好了！"、"再告诉我多一点儿！"、"接下来怎么样了？"这些话语会使对方兴趣倍增。

金庸先生的名著《射雕英雄传》中有这样一个细节：

周伯通在给郭靖讲故事时，见他不大起劲，说道："你怎么不问我后来怎样？"郭靖道："对，后来怎样？"周伯通道："你如不问后来怎样，我讲故事就不大有精神了。"郭靖道："是，是，大哥，后来怎样？"

世界上最难对付的客户，恐怕就是不爱讲话的客户了。碰到这种客户时，你一定要主动发问，引导他说话。销售是一门说服的艺术，但如果只有说，而没有问，销售工作就会走入一条死胡同。所以，在适当的时间提出适当的问题，是一个优秀的销售员做出的聪明选择。

2007年8月1日，美国明尼阿波利斯市密西西比河上的I–35W桥梁坍塌了，坠入河中，事故发生后的第一时间内，明尼苏达州的交通部安排对桥梁进行重建，它通过招标来确定了重建单位。这项价值2.5亿美元的生意最终被美国科罗拉多州的一家机构获得，它是参加竞标的企业中唯一没有在明尼苏达州修建过桥梁的机构。它的建议书要价最高，交货期也最长。那么，它是怎么获胜的呢？事后，明尼苏达州交通部负责此项决策的小组透露说，价格和速度不是唯一的考虑因素。这下可好，参加竞标的还有另外8家机构都吵疯了，他们事后咆哮着抱怨说：“你们从来没有把这一点告诉过我们！”

“可是，你从来都没有问过我们！”该项目组回应说，“而获胜的这一家这么做了。”

中国有句古话：“善问者能过高山，不善问者迷于平原。”如果想使交谈愉快地进行，巧妙提问是关键。巧妙的提问不仅能获得自己想得到的信息，而且还能令对方心情舒畅，而不当的提问，常使交谈失败。

真正的销售高手会通过一系列别有用心的、精心设计的问题来引导客户的思路，从而达到销售的目的。

街上有三个水果店。一天，有位老太太来到第一家店里，问：“有李子卖吗？”店主见有生意，马上迎上前说：“老太太，买李子啊？您看我这李子又大又甜，还刚进回来，新鲜得很呢！”没想到老太太一听，竟扭头走了。店主非常纳闷，奇怪，自己什么地方得罪老太太啦？

老太太接着来到第二家水果店，同样问：“有李子卖吗？”第二位店主马上迎上前说：“老太太，您要买李子啊？”“对啊！”老太太应道。“我这里李子有酸的，也有甜的，那您是想买酸的还是想买甜的？”“我想买一斤酸李子。”于是老太太买了一斤酸李子就回去了。

第二天，老太太来到第三家水果店，同样问：“有李子卖吗？”第三位店主马上迎上前同样问说：“老太太，您要买李子啊？”“对啊！”老太太应道。“我这里李子有酸的，也有甜的，那您是想买酸的还是想买甜的？”。“我想买一斤酸李子。”

与前一天在第二家店里发生的一幕一样；但第三位店主在给老太太秤酸李子时，问道：“在我这买李子的人一般都喜欢甜的，可您为什么要买酸的呢？”“哦，最近我儿媳妇怀上孩子啦，特别喜欢吃酸李子。”“哎呀！那要特别恭喜您老人家快要抱孙子了！有您这样会照顾人的婆婆可真是您儿媳妇天大的福气啊！”“哪里哪里，怀孕期间当然最要紧的是吃好，胃口好，营养好啊！”

“是啊，怀孕期间的营养是非常关键的，不仅要多补充些高蛋白的食物，听说多吃些维生素丰富的水果，生下的宝宝会更聪明些！”“是啊！那吃哪种水果含的维生素更丰富些呢？”“很多书上说猕猴桃含维生素最丰富！”“那你这有猕猴桃卖吗？”“当然有，您看我这进口的猕猴桃个大，汁多，含维生素多，您要不先买一斤回去给您儿媳妇尝尝！”

这样，老太太不仅买了一斤李子，还买了一斤进口的猕猴桃，而且以后几乎每隔一两天就要来这家店里买各种水果了。

从这个故事我们可以看出，通过恰当的问题，我们可以得到自己需要的信息，并掌握谈话的主动权，使谈话结果朝着我们需要的方向

前进。

普列汉诺夫说："有教养的头脑的第一个标志就是善于提问。"弗朗西斯·培根也曾经说过："谨慎的提问等于获得了一半的智慧。"大多数人都不喜欢听别人说话，而是喜欢别人听自己说话。所以，把说话的机会留给客户，并用适当的发问引导客户说下去，是销售取得成功的关键所在。

那么，销售员该如何用提问的方式引导客户呢？

1. 先提一个问题，再提其他问题。例如，"周董，听说贵公司打算购进一批机械设备，能否请您说明您心目中理想的产品应该具备哪些特征？"当对方回答了你这一问题后，你就可以问第二个问题了，"我们公司非常希望与您这样的客户保持长期合作，不知道您对我们公司以及公司的产品印象如何？"这样一来，就会引导客户逐步进入营销面谈。

2. 一开始就提出一连串问题，即"6W2H"问题。"6W"是指：什么(what)、什么时间(when)、什么场地(where)、什么组织(who)、为什么（why）、哪一个(which)。第一个"H"是"how"的缩写，是指选择、选用什么方法进行，如何去做。第二个"H"是"how much"、"how many"的缩写，是指要花多少预算、费用、时间等。

3. 直接提出问题。销售员还可以直接向客户提出问题，引起客户的注意和兴趣，引导客户去思考，并顺利转入正式面谈阶段。这也是一种有效的营销方法。

世界知名销售教练马修·史维说："我有三件法宝能帮助我得到我所想要的：第一，我是自己心灵的主人；第二，我懂得问问题的技巧；第三，我可以付诸大量的行动。"可见，在与客户沟通的过程中，你问的问题越多，获得的有效信息就越充分，最终销售成功的可能性就越大。

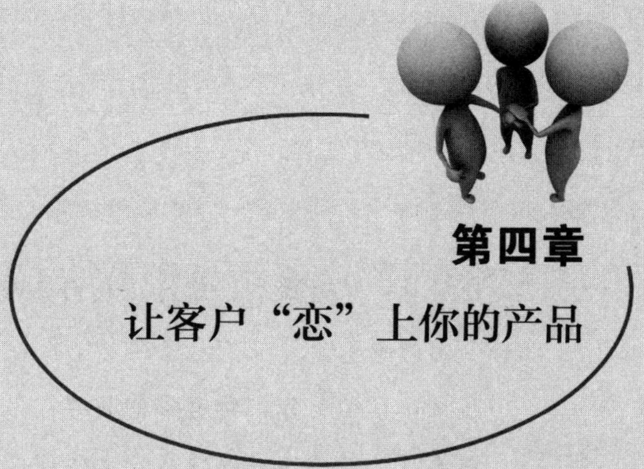

第四章 让客户“恋”上你的产品

如何进行产品介绍是所有公司销售员入门的必修课，也是最基础的技能。一位成功的销售员，必须能毫不“卡壳”地回答出客户提出的任何问题，并指出自己的产品所具备的独特优势，从而让客户“恋”上他的产品。

想销售产品，先要了解自己的产品

销售员："老太太，您好，我们公司有很多款电动按摩椅，保证能符合您的要求。"

客户："哦？你们都有哪些品牌？"

销售员："其他的品牌我们也代理，我们自己也生产。"

客户："那你们生产的按摩椅价格怎么样？"

销售员："有不同的档次和不同的价位。"

客户："能介绍一下这些产品之间的差别吗？"

销售员："……"

客户："你们这款产品适合什么年龄段的人使用？都能按摩身体的哪些部位？"

销售员："……"

在这个事例中，客户多提了几个问题，就把销售员问住了，许多客户之所以不购买你的产品，并不是你的产品不够好，而是你说的不到位。从我们做销售的那天起，我们第一个接触的不是客户，而是自己的产品。所以，我们要想成功地把产品推销出去，就必须对自己的产品了如指掌。

客户购买产品的目的是为满足其某种需求，而产品的功能正是使需要得以满足的可能。所以，你需要把你所掌握的所有产品知识、产品功能、产品特点、产品卖点都介绍给客户。客户掌握的信息越充分，就越可能购买到更适合自己的产品，而且他们在购买过程中也就更有信心。

作为一名销售新人，如果你不了解自己的产品功能和特点，就必须积极主动地学习。只要你肯努力、肯钻研，认真执着，就一定能为自己创造成功的契机。

维斯康公司是美国20世纪80年代最著名的机械制造公司。詹森和许多人一样，在该公司每年一次的用人招聘会上被拒了。但是他并不灰心，发誓一定要进入这家公司工作。

于是，他假装自己一无所长，找到公司人事部，提出为该公司无偿提供劳动力，请求公司分派给他任何工作，他将不计任何报酬来完成。公司起初觉得简直不可思议，但考虑到不用任何花费，也用不着操心，于是便分派他去打扫车间的废铁屑。

在整整一年时间里，詹森勤勤恳恳地重复着这项既简单又劳累的工作。为了糊口，下班后他还得去酒吧打工。尽管他得到了老板及工人的一致好感，但仍然没有一个人提到录用他的问题。

1990年初，公司的许多订单纷纷被退回，理由均是产品质量问题，为此公司将蒙受巨大的损失。公司董事会为了挽救颓势，紧急召开会议，寻找解决方案。当会议进行了一大半还不见眉目时，詹森闯入会议室，提出要见总经理。在会上，他就该问题出现的原因作了令人信服的解释，并且就工程技术上的问题提出了自己的看法，随后拿出了自己的产品改造设计图。

这个设计非常先进，既恰到好处地保留了原来的优点，又克服了已经出现的弊病。

总经理及董事觉得这个编外清洁工很是精明在行，便询问他的背景及现状。于是，詹森当着高层决策者的面，将自己的意图和盘托出。之后经董事会举手表决，詹森当即被聘为公司负责生产技术问题的副总经理。

原来，詹森利用清扫工到处走动的特点，细心察看了整个公司各部门的生产情况，并一一详细记录，发现了所存在的技术问题并想出了解决的办法。他花了一年时间搞设计，做了大量的统计数据，终于完成了科学实验。

有些销售员总是声称自己在公司没有接受过专业的培训，或者埋怨客户提出的问题太刁钻古怪，然而，这些理由都不是你对自己的产品知之不多的借口。如果你能像故事中的詹森一样，以及其虔诚的心去对待自己的工作，追求至善至美，那么你所销售的产品的特性就在你面前一览无余了。

很多人都有这样的体验，当你去百货公司买东西时，同一种产品会有无数种不同的品牌，产地不一样，价格也不一样。面对这种情况，你往往会陷入困惑，不知道自己该买哪个产品。这时候，销售员对产品的相关知识了解得越多，介绍得越详细，就越能引起你的注意，从而达成交易。

福特汽车公司是世界上一家大名鼎鼎的公司，该公司有个显著特点，就是非常器重人才。

一次，公司的一台大型电机发生了故障。为了查清原因，排除故障，福特把工程师协会的专家们请来“会诊”，但一连数月，毫无收获，他们只好另请高明。这个人叫思坦因曼思，原是德国的工程技术人员，流落到美国后，一家小工厂的老板看重他的才能雇用了他。

福特公司把他请来，他在电机旁听了听，之后要了一架梯子，一会儿爬上去，一会儿爬下来，最后在马达的一个部位用粉笔划了一道线，写上几个字："这儿的线圈多了16圈"。果然，把这16圈线圈一去掉，电机马上运转正常。

福特问："修理费多少？"

思坦因曼思说："1万美元。"

这在当时已经是个不小的数目了，有人不服气地说："画一条线值1万美金？简直是敲竹杠！"

思坦因曼思莞尔一笑，随即在付款单上写下这样一句话："粉笔画一条线，1美元；知道在那里画线，9999美元。"

福特想了想，嗯，有道理！画线人人都会，知道应该在哪里画线才是真正的本事。于是他欣然开出了发票，并邀请他来福特公司上班。

思坦因曼思却说："我所在的公司对我很好，我不能见利忘义，跳槽到福特公司来。"

福特马上说："我把你供职的公司买过来，你就可以来工作了。"

福特为了得到一个人才，竟不惜买下一个公司。

作为一名销售员，你必须像一位专业的技术人员一样，清楚地了解产品的构成、制造工艺、制造方法、保养方法，以及与市场上同类产品相比的优势和不足等。只有充分了解了自己的产品，才能够对客户解释清楚。如果销售员本身都不了解产品的特点，那么客户自然不会对这样的产品抱有任何信心。

古代的余庆药行培养人才时非常严格：熬药三年，才能到柜上当学徒，三年学徒要熟记几百个药方，才能正式的上柜抓药。现在的销售行业虽然没有这种类似的规定，但对产品的学习认识并不比那时候

要求低。所以，销售员必须通过不断的努力，充分了解所销售产品的特点与功能、优点与缺点，才能把客户所有可能对我们说“不”的想法统统扼杀掉。如此，顺利成交那是早晚的事。

百分之一百地相信自己所销售的产品

做销售，不管是电话销售、网络销售还是社会销售，都要对自己的产品保持足够的信心。试想一下，如果你对自己销售的产品没有信心，并保持怀疑态度的话，你怎么去感染客户，让客户放心地购买呢？

马云在2001年北京高新技术产业国际周“数字化中国”论坛上发表的演讲中说道：“我们创建阿里巴巴的时候，很多人评论我们这不行那不行。不管别人相不相信，我们自己相信自己。我们在做任何产品的时候只要问自己三个问题：第一，这个产品有没有价值？第二，客户愿不愿意为这个价值付钱？第三，他愿意付多少钱？”

马云回忆说，在过去的几年里，真正相信他们产品的人并不多，但是他对自己的产品一直有信心，他要创建以亚洲为中心的中小企业的网上基地。结果，“我们成功了，我们成了中国真正地服务于商人和企业的电子商务公司以及最大的商务信息平台，在全世界范围内，我们成为存活下来的不多的网络公司之一，也成为网上国际贸易的领导者”。

1915年，美国旧金山举办巴拿马万国博览会。当时的中国国力羸

弱，身着长袍、梳着长辫的中国人被视为“东亚病夫”，用土陶罐盛装的茅台酒无人问津。

展会即将结束，一位中国代表心生一计，佯装失手摔坏了一瓶茅台酒，顿时酒香四溢，使评委们一下子被吸引住了，经反复品尝后一致认定“茅台酒”是世界最好的白酒，于是向茅台酒补发了金奖。

如果不是中国代表充分相信自己的产品，他敢在众目睽睽之下把酒罐打碎吗？所以，作为一名销售员，一定要充分相信自己的产品，虽然你的产品不见得是最完美的，但你要给客户的印象就是我们公司的产品是最好的。

乔·吉拉德推销的是雪弗兰牌汽车，他当然清楚还有比雪弗兰牌更好的汽车，他也买得起其他任何牌子的车，但他坚持开雪弗兰。他说：“你必须相信你的产品是同类中最好的。我发现许多雪弗兰经销商却坐着卡迪拉克和梅塞德斯去上班，每当我看到他们这样做，我就觉得痛心。要是我推销雪弗兰却开其他牌子的车，我的客户见了就会想，吉拉德是不是不屑于坐他自己推销的车，在我看来，向客户传达这样的信息真是愚蠢之极。”

曾经有一位人寿保险经纪人想卖给乔·吉拉德50万美元的保险单，乔·吉拉德随口问他自己买了多少。“嗯，我投了25万美元的保。”他压低了嗓子回答。自那以后，不管他怎么极力推荐，乔·吉拉德都不想从他手里买保险。

几个星期之后，乔·吉拉德对另一位人寿保险经纪人提出同样的问题，他告诉乔·吉拉德，他买了100万美元的保险单。因为他的话很有说服力，乔·吉拉德决定从他手上买下一份大额保险。

销售产品的过程就是一个说服客户的过程，想要说服客户，首先得要说服自己，即对自己的产品有自信。当你对自己的产品没自信的时候，客户也会有所差距，从而对你的产品产生怀疑。

中国有句话叫："说你行，你就行，不行也行。"只要你在心理上肯定地认为："我的产品是世界上最好的！"那么你一定能够将这种激情传递给客户，客户也会在你的巨大气势前缴械投降。

日本的夏目志郎曾6次被评为世界行销冠军。

有一次，他约了一个董事长，定好下午两点碰面，他一点五十五分就到了，走进洗手间，在镜子面前他对自己说："我是最棒的，我是最伟大的，我的产品是世界一流的，客户很喜欢我……"

这时，突然有一个人走进来，正好看到自言自语的夏目志郎，那人上完洗手间，笑笑就走了。

一点五十九分，夏目志郎冲出洗手间，到了办公室，他对秘书说："我跟你们董事长两点有约。"

秘书带他来见董事长，竟然似曾相识，原来，刚刚在洗手间里见过。

董事长问："夏目志郎先生，你今天来是要给我介绍产品吗？"

夏目志郎说："是的，董事长先生，我要给你介绍……"

董事长打断他："不用介绍了！"

夏目志郎吓了一跳："董事长，我都还没有开始啊？"

董事长说："你不用介绍，夏目志郎先生，你今天卖的任何产品，我都会全部买下。"

夏目志郎吃了一惊，说："董事长，您都还不知道我在卖什么啊！"

董事长说："夏目志郎先生，你在日本很有名，你写的书，我看过。你叫销售人员在拜访客户之前提早五分钟到，然后到洗手间对着镜子……我刚刚亲眼看到你对着镜子说：'我是最棒的，我的

产品是最棒的！’既然你这么有自信，那么就不用介绍了，我全部买下来。”

其实，做销售没有什么特别的窍门，关键在于“自信”二字。那些优秀的销售员之所以优秀，就在于他们对自己的公司与产品及个人都抱有高度的自信。他们所散发的自信和热情有一种难以抗拒的感染力，让客户在不知不觉中“中毒”。

先了解客户的问题和需求，再介绍你的产品

一名冰箱销售员见一位先生走过，马上微笑着迎上前去："先生，您看这是新产的节能冰箱，一天耗电量只有0.8度，而且它的外观十分新颖……"

在销售员介绍完冰箱的一大堆优点之后，顾客终于说话了："对不起，你介绍得很好，可是我家里已经有冰箱了，我这次是想买一个冰柜。"

销售人员显得非常尴尬，"哦，您要看冰柜呀，那请这边……"

这位销售员错就错在把了解客户的需求和介绍自己的产品这两个阶段颠倒了过来，不出问题才怪。在销售工作中，有很多销售员一上来就大夸自己的产品多么先进、多么优秀，而不考虑是不是适合自己的客户、客户喜不喜欢，这样给客户的感觉就是你只关注自己的产品，只关心自己能赚多少钱，而没有给他足够的关注和重视。

所以，销售工作的第一步应该是找出客户的真正需求，这样才能引导对方买下你的产品。如果你能充分了解客户的需求，那么你就是客户的"销售顾问"，客户在你面前才会打开心扉，接受你的建议，从而达到长久合作的目的。

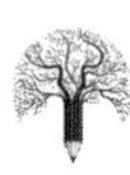

有一位房地产销售员，带一对夫妻进入一座待出售的房子时，太太发现这房子的后院有一棵非常漂亮的樱花树，而销售员注意到这位太太很兴奋地告诉她的丈夫："你看，院子里的这棵樱花树真漂亮。"

当这对夫妻进入房子的客厅时，他们显然对这间客厅掉漆的地板有些不太满意，这时，销售员就对他们说："是啊，这间客厅的地板是有些掉漆，但你知道吗？这幢房子的最大优点就是当你从这间客厅向窗外望去时，可以看到那棵非常漂亮的樱花树。"

当这对夫妻走到厨房时，太太抱怨这间厨房的设计不合理，而这个销售员接着又说，"是啊，但是当你在做晚餐的时候，从厨房向窗外望去，就可以看到那棵樱花树。"

当这对夫妻走到其他房间，不论他们指出这幢房子的什么缺点，这个销售员都一直重复地说："是啊，这幢房子是有许多缺点。但您知道吗？这房子的最大优点是其他房子所没有的，那就是您从任何一间房间的窗户向外望去，都可以看到那棵非常美丽的樱花树。"

这个销售员在整个销售过程中，一直不断地强调院子里那棵美丽的樱花树，他把这对夫妻所有的注意力都集中在那棵樱花树上了，当然，这对夫妻最后花了70万台币买了那座带有樱花树的旧房子。

事实上，每一位客户心中都有这样一棵"樱花树"。而我们所要做的，就是找到他那棵"樱花树"，然后将客户的所有注意力都吸引到那棵"樱花树"上。这样一来，销售工作就容易了很多。

销售员的最高境界，就是能与客户互换角色，看到对方心里所想的一切，然后尽可能地满足他。这样，才能达到双赢的效果。

要了解客户的需求，提问题是最直接、最简单而有效的方式，通过提问可以准确而有效地了解到客户的真正需求，为客户提供他们所需要的服务。你可以直截了当地问你的客户："先生，您比较喜欢哪种理财方式？”你也可以提一些封闭式的问题，让客户回答“是”与“否”：“您是不是喜欢把钱存在银行？”通过一系列的问题，你就可以充分地了解客户的需求和想法，更好地为他们服务。

约翰·柯威尔曾经在惠普公司担任销售代表，当他为惠普服务时，惠普公司才刚刚涉足于信息领域，当时几乎信息领域的所有客户都只知道IBM。

有一次，约翰·柯威尔准备到一家公司推销惠普电子设备。可是在他刚刚表明身份时，那家公司的经理就告诉约翰·柯威尔：“你不需要在这里浪费时间，我们一直以来都与IBM保持着良好的合作，而且我们还将继续合作下去。因为除了IBM，我们不相信任何公司的产品。”

约翰·柯威尔仍然微笑着注视那位公司经理，他的声音中没有半点沮丧：“史密斯先生，我想知道，您觉得IBM公司的产品确实值得您信赖，是吗？”

公司经理回答：“那当然了，这还用说吗？”

约翰·柯威尔继续问道：“那么，您能否说一说，您认为IBM公司的产品最令您感到满意的特点有哪些？”

公司经理饶有兴趣地答道：“那要说起来可就太多了，IBM的产品质量一直都是一流的，这一点大家有目共睹。而且这些产品的研究技术在全球也没有几家公司可比。更重要的是，IBM有着多年的良好信誉，它几乎就是权威的标志。我想仅仅是这些特点，就很值得我继续与其保持合作了。”

约翰·柯威尔又问：“我想，您理想中的产品不应该仅仅包含这些特征吧？如果IBM能够做得更好，您希望他们有哪些改进？”

公司经理想了想回答说：“我希望某些技术上的细节更加完善，因为我们公司的员工有时会埋怨某些操作不够简便，可是我不知道现

在有没有办法解决这些问题。当然了，如果IBM愿意的话，我还希望产品的价格能够再降低一些，因为我们公司的需求量很大，每年花在这上面的费用一直居高不下。”

约翰·柯威尔此时胸有成竹地告诉公司经理：“史密斯先生，我要告诉您一个好消息，您的这两个愿望我们都可以满足。我们公司的技术人才同样是世界一流的，因此对于产品的技术和质量水平您都不用担心。同时，正因为我们公司的这项业务刚刚起步，所以操作起来就更加灵活，我们的技术部门完全可以按照您的要求对贵公司订购的产品进行量身定做。而我们的价格更低，因为我们的目的就是先以低价策略打开市场，赢得一些像您这样的大客户的支持。”

看到自己提出的几项条件惠普基本都能满足，公司经理当即表示先购进一小批产品试用。

客户为什么会购买你的产品？是因为你的产品刚好能满足他们的需求。所以，销售的第一步就是找出客户的真正需求，这样你才能引导对方买下你的产品。如果你不了解客户的真正需求，而是抱着碰运气的心态乱说一气，那你只能碰一鼻子灰。

用数字和事实说话

一位销售员去超市给客户送货，送完货后，他在超市逛了一圈，同超市老板沟通进货的事宜，具体沟通内容如下：

销售员："老板，您家的瓶装醋没货了，我再给您送一箱吧。另外，我们的袋装醋也卖得非常好，我看您的货架上没有这种醋，要不我也给您送一箱吧。"

老板："你送一箱瓶装醋就好了，你的袋装醋我没见过，不知道好不好，这次就不进了。"

销售员："我们的袋装醋卖的非常好，好多超市都从我们那里进货。"

老板："本市有多少家超市从你们那里进袋装醋？你们每个月的销量是多少？"

销售员："这个……具体数字我不清楚，不过我们的袋装醋真的卖的非常好。"

老板："行啦，你别费唾沫了，下次再说吧！"

在销售过程中，销售员经常会遇到这样的问题："为什么我已经把产品的所有优点都告诉了客户，客户却还是不愿意买我的产品？"

面对这种疑虑，别说是销售员很困惑，就连客户自己都说不清道不明。这个时候，销售员如果能用一组数据说明自己产品的优点，或许就能让客户信服。在上面的事例中，如果这名销售员能够清楚地说出本公司每月的进货数量是多少、月销售额是多少、会带给客户多少利润等，那将大大增加成交的概率。

美国肯德基炸鸡店在决定进入中国市场之前，老板曾先后派过两位执行董事到北京考察。

第一位考察者下了飞机，来到了北京街头，他看到川流不息的人群，就回去报告说中国市场大有潜力，结果被总公司以不称职之名降职调动了工作。

接着公司又派了第二位考察者。这位先生用几天的时间，在北京几个不同的街道上用秒表测量出行人流量，然后又向500位不同年龄、不同职业的人询问他们对炸鸡味道、价格以及对炸鸡店堂设计等方面的意见。不仅如此，还同时对北京的鸡源、油、面、盐、菜及鸡饲料进行了调查，并将样品、数据带回了美国，逐一作了科学分析，打出报告表，从而得出肯德基打入北京市场有巨大的竞争力的结论。

果然，北京肯德基炸鸡店开张不到300天，赢利高达250万美元，原计划指标年回收的成本，不到两年就回收了。

虽然肯德基两位考察者所得出的结论基本上是一致的，但只因为第一位考察者只凭印象说话，而第二位考察者则让数字说话。数字虽枯燥，但最有说服力，也最科学，有助于公司做出果断的决策。

相对于苍白的语言，数字有它独特的魅力，它能使你的话更权威、更专业、更精准，还能给人最基本的信任感。

有一天，克拉克在推销厨房用的节燃成套厨具时遇到个被称为

“老顽固”的老人，那个“老顽固”当时就直接告诉克拉克，即使克拉克的炊具再好他也不会买。

于是第二天克拉克又专门去拜访了这个“老顽固”。当他见到这位“老顽固”时，便从身上掏出一张1美元的钞票撕了，撕完之后问这位老顽固是否心疼。老人说：“你把1美元白白地撕掉，我怎么不心疼呢？”接着他又掏出一张20美元的钞票撕了，撕完之后没舍得扔掉，装进了自己的口袋，然后问：“你还心疼吗？”老人说：“我不心疼，那是你的钱，如果你愿意你就撕吧！”

克拉克立即说了一句让老人摸不着头脑的话，他说：“我撕的不是我的钱，而是你的钱呀。”老人感觉到很奇怪，问道：“你撕的怎么是我的钱呢？”这时克拉克从身上掏出一个本子，在上面边写边说道：“你昨天告诉我你家里一共6口人，如果用我的厨具，每一天你可以节燃1美元钱，是不是？”老人说：“是的！但那有什么关系呢？”

克拉克继续说：“我们不说一天节约1美元，就按每天0.5美元来计算。一年有365天，我们就按360天计算。你告诉我你已经结婚23年了，就按20年计算吧。这就是说在过去的20年里你没有用我的厨具，这样你就白白浪费了3600美元，难道你还想在未来的20年里再撕掉3600美元吗？”

听到这么惊人的数字后，这个“老顽固”便毫不犹豫地买下了克拉克的厨具。

作为一名销售员，你是否经常跟客户说这样的话：“我觉得”、“我认为”、“差不多”……你认为你的客户会相信你所说的吗？当你含糊不清地表述自己的观点时，客户会完全信任你吗？

记住，不管你对自己的产品有多大的把握，能否有数字做依据，这才是关键。在面对客户时，你可以这样跟她说：“截至9月底，我们已经卖出去了600件产品。”“我们的洗衣粉能去除99%的污

渍。”“我们已经对全国超过1000名的使用者进行了连续一个月的跟踪调查，没有出现任何的质量问题。”……

在客户看来，口说无凭的介绍是起不了任何作用的，也不能打消他们的疑虑。只有用数字说话，才能拉近销售员与客户之间的距离。你的表述越具体，客户就越对你的产品感兴趣。

美国口才大王卡内基每季度均要花费1000美元，在纽约的某家大旅馆租用大礼堂20个晚上，用以讲授社交训练课程。

有一季度，卡内基刚开始授课时，忽然接到通知，要他付比原来多3倍的租金。而这个消息到来以前，入场券已经印好，而且早已发出去了，其他准备开课的事宜都已办妥。怎样才能交涉成功呢？经过仔细考虑，两天以后，卡内基去找经理。

卡内基对经理说：“我接到你们的通知时，有点震惊。不过这不怪你。假如我处在你的地位，或许也会写出同样的通知。你是这家旅馆的经理，你的责任是让旅馆尽可能地多盈利。你不这么做的话，你的经理职位就难保住，也不应该保得住。假如你坚持要增加租金，那么让我们来合计一下，这样对你有利还是不利。”

“先讲有利的一面。”卡内基说，“大礼堂不出租给讲课的而是出租给办舞会、晚会的，那你可以获大利了。因为举行这类活动的时间不长，每天一次，每次可以付200美元，20晚就是4000美元，哦！租给我，显然你吃大亏了。”

“现在，来考虑一下‘不利’的一面。首先，你增加我的租金，也是降低了收入。因为实际上等于你把我撵跑了。由于我付不起你所要的租金，我势必再找别的地方举办训练班。”

“还有一件对你不利的事实。这个训练班将吸引成千的有文化、受过教育的中上层管理人员到你的旅馆来听课，对你来说，这难道不是起了不花钱的广告作用了吗？事实上，假如你花5000美元在报纸上登广告，你也不可能邀请到这么多人亲自到你的旅馆来参观，可我的训练班给你邀请来了。这难道不合算吗？请仔细考虑后再答复我。”讲完后，卡内基告辞了。当然，最后经理让步了。

销售就是一场没有硝烟的战争，如果你想成功地卖出产品，就必须读懂客户的内心和了解客户的需求。只有扎扎实实地把基本功做好，在销售的过程中多用精准的数据说明问题，才能更快地说服客户，自己的路才能走得长，走得远。

一次示范胜过一千句话

在赤道地区，一位小学老师在向学生们解释什么是“雪”。

老师说：“雪是纯白的东西。”

学生们回答：“老师，我们明白了，雪像盐。”

老师说：“雪是冷的东西。”

学生们回答：“老师，我们知道了，雪像冰淇淋。”

老师说：“雪是粗粗的东西。”

学生们回答：“老师，我们知道了，雪像砂子。”

老师始终无法解释清楚什么是“雪”。最后，老师以“雪”为题考试，结果有几个学生写道：“雪是白色的、味道又冷又咸的砂。”

这个故事告诉我们：有一些事物的真相，是无法用语言表达的。

同样，在销售的过程中，产品的许多特点和功能，也是难以用语言来说明的。在这种情况下，你不妨动手示范，把产品的性能、优点、特色展示出来，使客户对产品有一个直观的了解，这样易于说服客户，促进产品的销售。

美国心理学家发现，视觉比听觉往往更有冲击力，能给人留下更深刻的影响。因此，销售员在向客户介绍产品的时候，不妨以文字、视频或亲自体验的方式演示一遍，这比光用嘴说要好得多。

很多年前，阿拉伯联合酋长之间你争我夺，大家互相争夺地盘，在这场争夺中，战胜敌人最好的方法就是在对方水中投毒，因为沙漠地区太缺水了，因此水是最重要的。大家都想到了这个方法，于是你也投毒我也投毒，到最后弄得大家都没有水喝。

一个聪明的美国商人看到这个机会，发明了一种过滤器，这种过滤器可以把水中的毒素过滤掉，然后他面向社会聘销售员，来应聘的其中一位销售员看了这种产品之后，信心百倍地对老板说："我定能卖出100万台。"

三个月之后，这位销售员回来了，他拿到了整整200万的订单，老板极为震惊，就问销售员："你是通过什么样的销售方法创造出这个奇迹的呢？"销售人员说："我的销售方法很简单，我极力说服各个酋长聚集到一块，然后当着他们的面，朝过滤器上撒了一泡尿，然后我自己喝了，这些酋长们一看，就跪在地上高喊'真主啊！'然后就给我下订单了。"

这位销售员就通过这么一种亲身示范的方法，将自己产品的特性赤裸裸地展现在客户面前，从而打消了客户的疑虑。

经常听到有销售员抱怨道："我这几天真是跑断了腿、磨破了嘴，可他为什么就是不动心呢？"问题出在哪儿呢？不是你口才不够好，而是你销售的方法不对。俗话说："百闻不如一见。"你说得再天花乱坠，客户也看不到产品的精美和实用，只有让客户亲眼看到、亲手摸到、亲身感受到，他们才会对你的产品感兴趣。

几年来，通用电器公司一直在向一所大学推销他们的用于教室黑板的照明设备。联系了无数次，说了无数好话，都无结果。

后来，一位销售员想出了一个主意。他逮住学校老师集中在大教室里开会的机会，拿了根细钢棍站到讲台上，两手各持钢棍的一端，说："先生们，我只耽搁大家一分钟。你们看，我用力折这根钢棍，它就弯曲了。我松一松劲，它就弹回去了。但是，如果我用的力超过了钢棍的最大承受力，它再也不会自己变直的。孩子们的眼睛就像这钢棍，如果视力遭到的损害超过了眼睛所能承受的最大限度，视力就再也无法恢复，那将是花多少钱也无法弥补的。"

结果，学校当场就决定，购买通用电器公司的照明设备。

"一次示范胜过一千句话"，不论你推销的是什么产品，示范是引起客户兴趣最有效的办法，通过对产品功能、性质、特点的展示及使用效果的示范表演，使客户看到购买产品后所能获得的好处和利益。

为了向客户说明"手感细腻"，你可以让客户亲手摸一摸；为了向客户说明"味道鲜美"，你可以让客户亲口尝一尝；为了向客户说明"音质优良"，你可以让客户亲耳听一听……总之，作为一名优秀的销售员你必须明白，任何产品都可以拿来做示范。

1958年，理光复印机首次面市时，碰巧遇上日本的民法修正案出台，该修正案规定所有户籍登记都必须以夫妇为单位，这意味着市政部门的户籍卡全都要重写。以往这类文件全部靠手写，工程相当浩繁，理光公司的销售员田中道信从中发现了机会，想利用理光复印机展开一次革命性的"换笔运动"。

每到一个政府部门，田中道信都要事先进行示范演示。田中道信在演示前一晚不厌其烦地提着大号酒瓶等礼物逐个拜访有关官员，"明天蒙贵处安排我们演示，我是来道谢的"。态度相当诚恳亲切。于是演示当日，便有了这些有分量的支持者。演示之后，无论对方是否决定购买，田中道信总是求他们先把机器留下来试用。用机器操作和手工劳动相比，其简便快捷是显而易见的，因而不少部门试着试着就决定买下了。

田中道信认为，干推销光靠嘴巴进行说明还不够，想要客户信服，还需要有实际销售的各种数据和资料，同时，必须充分了解客户。田中道信常把有关销售、盈利、库存机器台数的资料拿回家分析研究。“只靠三寸不烂之舌搞推销，到家就睡大觉，是不会有大出息的”，正是靠不懈努力，田中道信屡屡推销成功，并得了个“理光机先生”的绰号。

1963年1月，公司派田中道信到韩国去，此前理光在韩国的代理店一年也就卖出去一两台复印机。田中道信到达韩国之后，韩国理光总经理禹相琦对他说：“时代发展不同，理光复印机在这里没有销路。”

田中道信不同意，他坚信只有心诚就有市场，于是他花了一段时间走访了政府行政委员会和第一毛织公司、韩一银行等大企业。无论走到哪里，田中都口不离演讲，广邀听客。于是有一天，韩国《东亚时报》刊出了一篇以“日本的办公自动化与韩国的现状”为题的连载文章，指出在办公自动化方面，韩国是何等落后。文章连续刊出了两个星期，引起韩国上下关注。

一系列演讲促销活动使田中道信成功地卖掉了50台复印机。当时，理光复印机的月产量500台，各分公司每月的销售量至多20台左右。相比之下，田中道信销售掉50台就成了了不起的成绩。

示范是一种常见的销售方法，但它的效果也是极其突出的。据统计，谈话内容在客户的脑海中只能留下10%的记忆，而让客户参与示范，所获得的印象就会大大提高。所以，只要条件允许，销售员就要尽量发挥示范的作用，并让客户参与到示范行动当中来。这样才会给客户一种强烈的刺激，从而让对方爱上你的产品。

优秀的销售员都是故事大王

每个人都喜欢听故事，我们从小都是在故事声中长大的。小时候，我们的爸爸妈妈、爷爷奶奶给我们讲了一个又一个故事，教我们怎样分辨善恶；上学后，老师又会不厌其烦地给我们讲故事，让我们通过故事了解外面的世界；长大了，我们还是喜欢通过书籍和电影，沉浸在故事的海洋中。

罗伯特·麦基是美国著名的作家、导演、剧作家以及写作导师。1981年，他受美国南加利福尼亚大学之邀，开设了“故事”培训班，同时在好莱坞制作电视节目。几十年来，他和学生们制作了《阿甘正传》、《甘地》、《西雅图未眠夜》、《玩具总动员》、《尼克松》等上百部叫座的影片；他还写了一本名为《故事》的畅销书，被翻译成二十多种语言出版，并获得2000年国际活动影像图书奖。

麦基在接受《哈佛商业评论》资深编辑布朗温·弗莱尔的专访时说：“故事满足了人们领悟生活方式的一种深层次需要——不仅是理性上的锻炼，而且还蕴涵了非常个人化的情感体验。”

公司来了一位新人，并马上被老板任命为销售经理。很多员工都不服气，认为新来的这人是个绣花枕头，没什么能力。于是，老板决定召集全体员工开大会，并让这位经理发言。这位经理第一句话就说：“我是一头驴。”

下面哄堂大笑。

这位经理没有理会，接着讲。

“我们家乡有一头驴，一天，驴子掉到了枯井里。它不停地叫唤，企图呼唤主人来救它。农夫绞尽脑汁想办法救出驴子，但几个小时过去了，驴子还在井里痛苦地哀号着。

最后，这位农夫决定放弃，他想这头驴子年纪大了，不值得大费周章去把它救出来，不过无论如何，这口井还是得填起来。于是农夫便请来左邻右舍帮忙一起将井中的驴子埋了，以免除它的痛苦。

农夫的邻居们人手一把铲子，开始将泥土铲进枯井中。当这头驴子了解到自己的处境时，刚开始哭得很凄惨。但出人意料的是，一会儿之后这头驴子就安静下来了。农夫好奇地探头往井底一看，出现在眼前的景象令他大吃一惊：

当铲进井里的泥土落在驴子的背部时，驴子的反应令人称奇——它将泥土抖落在一旁，然后站到铲进的泥土堆上面！

就这样，驴子将大家铲倒在它身上的泥土全数抖落在井底，然后再站上去。很快地，这只驴子便得意地上升到井口，然后在众人惊讶的表情中快步地跑开了！”

“我现在再说我就是那只驴，大家还觉得好笑吗？”

下面的人顿时变得静悄悄的了，再没有任何嘲笑的声音，在沉静片刻后，下面掌声雷动。

待掌声渐停后，这位经理接着说：

“其实，生活也是如此，各种各样的困难和挫折，会如尘土一般落到我们的头上，要想从这苦难的枯井里脱身逃出来，走向人生的成功与辉煌，办法只有一个，那就是：将它们统统都抖落在地，重重地踩在脚下，因为，生活中我们遇到的每一个困难，每一次失败，其

实都是人生历程中的一块垫脚石。我将会和大家一起去抖落身上的尘土，为公司的发展而奉献出我们的每一分力量。所以请大家相信我，也相信你们自己。我们都会成功的！”

讲故事，是用最通俗、浅显的方式，来表达深刻的道理。彼得·古博在《会讲才会赢》一书中这样写道：“数据、幻灯片或堆满数字的表格，并不能激发人们采取行动。打动人是情感，而要使人们对你设置的议程产生情感联系，最好的方式便是以‘很久以前’开头 。”

在销售工作中，一个好的故事是让客户迅速签单的催化剂，可以起到推波助澜的作用。所以，销售员在向客户介绍产品的时候，不妨把产品的信息融入故事当中去。故事讲完了，客户也听明白了。不需要苦口婆心，也不需要大费周章，这绝对是一种营销的好方法。

一家公司生产出了一种新的化妆品，叫作兰牌绵羊油。公司的一位销售员在销售绵羊油的时候，没有向顾客讲绵羊油含有多少微量元素，是用什么方法生产出来的，而是讲了一个动人的故事：

很久以前，有一个国王。他是一个美食家，有一个手艺精湛的厨师，能做出香甜可口的饭菜，国王对他十分满意。突然有一天，这位厨师的手莫名其妙地红肿起来了，做出来的饭菜再也不像以前那么好了，国王十分着急，下令御医给厨师治病。可御医绞尽脑汁也弄不清楚这个病是怎么得来的。厨师只好含泪离开王宫，开始了自己的流浪生涯。后来一个好心的牧羊人收留了这位厨师。于是，这位厨师每天和这位牧羊人风餐露宿，放羊为生。放羊时，厨师就躺在草地中，一边回想着过去的故事，一边用手抚摸着绵羊以泄心中的悲愤。夏天到来的时候他帮助这位牧羊人剪羊毛。

有一天，厨师惊奇地现自己手上的红肿不知不觉地消退了！他十分高兴，告别了牧羊人，重新来到了王宫外，只见城墙上贴着一张红榜，国王正在面向全国招聘厨师。厨师就撕掉皇榜前来应聘，这时人们早已认不出来衣衫褴褛的他了。国王品尝了他做出的饭菜以后，觉得香甜可口，简直和以前那位厨师做的一样好吃，就把他叫了过来，发现果然是以前的那位厨师。国王就非常好奇地问这位厨师，手上的红肿怎么消退了。厨师说不知道，国王详细地询问了他离开王宫之后的情景，断定是绵羊毛使厨师手上的红肿消退了。

这时，销售员话锋一转，说道："我们就是根据这个古老的故事，生产出了绵羊油。"然后很自然地进行产品推销。

故事营销，是营销工作中的最高境界之一。销售员一旦学会了讲故事，就能把自己的思想、理念融入故事情节当中，客户会更加乐于接受。

海尔的张瑞敏就是讲故事的高手。我们知道的海尔大多是从"洗土豆的洗衣机"、"厂长用大锤砸不合格的电冰箱"、"海尔模式激活休克鱼"等"海尔好兄弟"的故事中得来的。记住海尔，也是先记住了这些故事。而这些故事，如果我们追根溯源，会发现都是海尔教父张瑞敏自己讲出来的。

张瑞敏说："提出新的经营理念并不算太难，但要让人们都认同这一新理念，那才是最困难的。我常想：《圣经》为什么在西方深入人心？靠的就是里面一个个生动的故事。推广某个理念，讲故事可能是一种方式。"

一名股票销售员碰到了一位非常顽固的客户，不管他怎么劝说，客户就是不买他的产品。于是他灵机一动，讲了这样一个故事：

有一个富翁要去外国，就叫了仆人们来，把他的家业交给他们。

根据各人的能力大小，交给他们不同数量的银子：一个给了五千，一个给了二千，一个给了一千。他说："管理好我的财产。"

就去外国了。

那领五千的，随即拿去做买卖，另外赚了五千。那领二千的，也照样赚了二千。但那领一千的，却挖个洞，把主人的银子藏起来了。

过了很久，主人回来了，和他们算账。那领五千的，又带着那另外的五千来，说："主人！你交给我五千银子，请看！我又赚了五千。"主人说："好！你在我委派的小事上忠心，我委派你做更大的事情。你可以进来与我同乐。"

那领二千的也来了："主人啊！你交给我二千银子，请看！我又赚了二千。"主人说："好！你在我委派的小事上忠心，我委派你做更大的事情。你也可以进来与我同乐。"

那领一千的也来说："主人啊！我知道你是个严厉的人，我就害怕，去把你的一千银子埋藏在地里。这是你给我的银子。"主人回答说："你这个又坏又懒的家伙！你应当把我的银子放给兑换银钱的人，到我回来的时候，可以连本带利收回。"于是，主人便夺过了那一千两银子。

在故事的最后，销售员说："《圣经》里有一句话：'因为凡有的，还要加倍给他，叫他富足有余；没有的，连他所有的，也要夺过来。'钱一旦搁置起来，就是一堆纸；只有把它放到正确的位置上，它才会变成金子。您愿意做那个富翁的第几个仆人呢？"

客户听了这个故事后，感触良多，最终买了销售员的产品。

一个没有故事的产品必然是不完整的，而一个不会讲故事的销售员同样是稚嫩的。很多时候，客户关心的不仅是你的产品，还有产品背后的历史。松下幸之助有一个非常著名的理论叫作"嫁女儿理论"，意思是销售产品要像嫁女儿一样，把产品当成自己的女儿。既然产品是你的"女儿"，那么你肯定清楚她的娘家背景和童年了，把这些都告诉客户，你的"女儿"肯定会身价倍增。

第五章

成功说服客户的8条金科玉律

经常有销售员感叹："现在的客户真是不好摆平，费尽口舌给他们介绍产品，却还是在最后关头失去了客户的信任。"产生这一切的原因，就是因为你不懂说服的艺术。

一个善于运用语言艺术说服客户的销售员，他的销售业绩要比不善运用语言艺术说服客户的销售员的销售业绩高得多。

换位思考——站在客户的立场上想问题

有人说，世界上最远的距离，“不是生与死，而是我站在你面前，你却不知道我爱你”。而对于一个销售员来说，世界上最远的距离，是从客户的口袋到自己的口袋这一段距离。

很多销售员都有这样一个通病，即一见到客户，便开始滔滔不绝地向他们推销起自己的产品，而丝毫不考虑顾客此时的心态和反应。这种做法很容易激起客户的逆反心态，你越是急功近利，他们就越会犹豫不决。遇到这种情况时，你需要学位换位思考，这样或许就能打破僵局。

换位思考，就是站在对方的角度上，想他人之所想，急他人之所急，理解至上的一种处理人际关系的思考方式。在销售工作中，你一定要多想想：“如果我是客户，对于这样的要求、标准、效率、质量，我会怎么想，我会怎么做，我还会有什么要求”等等。一旦缺少换位思考，就会导致与客户的人心崩离，使自己陷入两难的局面。

有一个餐厅生意很好，门庭若市，餐厅的老板年纪大了，想要退休了，就把 3 位经理找了过来。

老板问第一位经理说：“先有鸡还是先有蛋？”

第一位经理想了想，答道：“先有鸡。”

老板接着问第二位经理说：“先有鸡还是先有蛋？”

第二位经理胸有成竹地答道：“先有蛋。”

老板又叫来第三位经理问：“先有鸡还是先有蛋？”

第三位经理认真地说：“客人先点鸡，就先有鸡；客人先点蛋，就先有蛋。”

老板笑了，于是擢升第三位经理为总经理。

在营销界，客户永远是上帝，只有想客户之所想，急客户之所急，全心全意为客户服务的人，才能赢得市场，取得成功。

古人云：“要想好，打颠倒。”“换位思考”是人类社会得以存在和发展的重要法则，也是基本的道德教谕。古往今来，从孔子的“己所不欲，勿施于人”到《马太福音》的“你们愿意别人怎样待你，你们也要怎样待人”，不同国家、不同种族、不同信仰、不同文化的人们，都在说着相同的话。

一次，英国维多利亚女王与丈夫吵了架，丈夫独自回到卧室，闭门不出。女王回卧室时，只好敲门。

丈夫在里边问：“谁？”

维多利亚傲然回答：“女王。”

没想到里边既不开门，又无声息。她只好再次敲门。

里边又问：“谁？”

“维多利亚。”女王回答。

里边还是没有动静。女王只得再次敲门。

里边再问：“谁？”

女王学乖了，柔声回答：“你的妻子。”

这一次，门开了。

为什么在最后一次敲门的时候，门却开了呢？原来是维多利亚女王变换了位置，不是以女王的位置来敲门，而是以妻子的身份来敲门，所以门开了。

“想了解别人，想想自己；想了解自己，看看别人。”换位思考说起来简单，做起来却并不容易。在一个销售进程中，能把话说得很明确的情况实在是少之又少。不站在对方的立场上想问题，得出的结果肯定会有失偏颇，你自己也会慢慢地被孤立、被淘汰。

运用换位思考就要求销售员应关注客户而非产品本身，完全站在对方的角度上考虑问题，感同身受，将心比心。从这个角度来说，客户之所以购买你的产品，不是因为他们理解产品，而是因为他们的需求被你理解了。

使用这种方法有几个前提：

1. 要对客户进行分门别类，并找准客户的利益点；

2. 对自己产品的功能、特性要非常清楚，最好能准备几个真实的确凿案例；

3. 始终站在客户的立场上，跟着客户的感觉走。

换位思考是以心换心的交往方式，也是最基本的道德礼仪。中国古代思想家教育家孔子说：“己所不欲，勿施于人。”意思是，你要求别人做什么时，首先自己本身也愿意这样做，或你本身也做到如别人这样了，那么你的要求才会心安理得。英国也有一句谚语叫作：“要想知道别人的鞋子合不合脚，穿上别人的鞋子走一英里。”两个国家的地域不同、种族不同，文化不同，可这两句话却传达了同一个意思——换位思考。

美国《读者文摘》1988年第一期中的《第六枚戒指》讲了这样一个故事：

美国经济大萧条时期，一位18岁的姑娘曼莎好不容易才找到一份

在一家高级珠宝店当售货员的工作。在圣诞节的前一天，店里来了一位30岁左右的男顾客。他虽然穿着很整齐干净，看上去很有修养，但很明显，这也是一个遭受事业打击的不幸的人。

此时店里只有曼莎一个人，其他几个职员刚刚出去。曼莎向他打招呼时，男子不自然地笑了一下，目光从曼莎的脸上慌忙闪开。

这时，电话铃响了。曼莎去接电话，一不小心，将摆在柜台的盘子碰翻了，盘中装着的6枚精美绝伦的金戒指掉在了地上。曼莎慌忙弯腰去捡。可是她捡回了5枚以后，却怎么也找不到第6枚戒指。当她抬起头时，看到那位顾客正向门口走去，顿时，她明白了第6枚戒指在哪里。

当男子的手将要触及门框时，曼莎柔声叫道："对不起，先生。"

那男子转过身来，两人相视无言，足足有一分钟。

"什么事？"他问，脸上的肌肉在抽搐。

"什么事？"他再次问道。

曼莎极力压住心跳，鼓足勇气，说道："先生，这是我的第一份工作，现在找个事儿真不容易，是不是？"

"是的，的确如此。"他回答，"但是我能肯定，你在这里会干得不错。"

停顿了一下，他向前一步，把手伸给她："我可以为你祝福吗？"

曼莎立刻也伸出手，两只手紧紧地握在一起，她用低低的但十分柔和的声音说："也祝您好运！"

他转过身，慢慢走向门口。

曼莎目送着他的身影在门外消失，转身走向柜台，把手中的第6枚戒指放回原处。

曼莎之所以能够成功地要回男子偷走的第6枚戒指，是因为她站

在对方的角度上，给了对方充分的尊重和谅解。“先生，这是我的第一份工作，现在找个事儿真不容易”，这句简单朴实的话，饱含着惧怕失去工作的痛苦之情，对方又不是铁石心肠的人，听了之后，怎么会无动于衷呢？

卡耐基有一句名言：“我不认为你有什么不对，如果换了我肯定也会这样想。”每个人都有他的立场及价值观，因此，作为一名销售员，你必须站在客户的立场上，仔细地倾听对方所说的每一句话，不要用自己的价值观去指责或评断对方的想法，要与对方保持共同理解的态度。这样，你才不会被客户拒之门外。

因人而异——看清对象再说话

市里召开政府工作会议，新来的秘书小魏知道，这是结识各位领导的天赐良机，当然不可错过。于是小魏早早来到会场入口处等候各位领导。

孙局是坐专车来的，小魏上前打开车门："风光、风光，多让人羡慕啊！"

王局则是坐出租车来的，小魏迎上去："潇洒、潇洒，一招手就有车，不用麻烦司机，还来去自由。"

刘局比较年轻，骑辆自行车就来了。小魏说："廉政、廉政，都像您这样，老百姓还有啥抱怨的。"

李局是走着过来的，小魏热情地打招呼："健康、健康，现在好多富贵病都是缺少运动，坐车坐的！"

在一边观看多时的周局见小魏巧舌如簧，便成心为难小魏："我可是爬着来的，你怎么说呢？"小魏立即竖起大拇指："哎呀，这么多局长里面，就您最稳当哟！"

这个故事可能会让你哑然失笑，但是我们却可以从中看出见不同的人说不同的话的奥妙所在。

战国时期著名的纵横家鬼谷子曾经精辟地总结出与各种各样的人交谈的办法："与智者言依于博；与博者言依于辫；与辫者言依于要；与贵者言依于势；与富者言依于高；与贫者言依于利；与贱者言依于谦；与勇者言依于敢；与过者言依于锐。此其术也。"

这段话的意思是："与有智慧的人交谈，要依靠眼见的博广；与博文广识的人交谈，要凭借言辞犀利话语灵巧；与善于辩论的人交谈，要懂得抓住重点简明扼要；与高贵有地位身份的人交谈，要懂得凭借气势；与富有的人交谈，要依靠利益；与身份地位卑微的人交谈，要依靠谦卑；与勇敢的人交谈，要依靠果断，勇敢；与反应慢的人交谈，要依靠思维、言辞的敏锐。这就是说话的方式。"

有人认为，"见什么人说什么话，到什么山唱什么歌"是虚伪的表现，其实，这是一种片面的理解。这个世界上的人形形色色，有的人缺乏主见、犹豫不决；有的人果敢坚毅、一字千金；有的人性情温和、态度友善；有的人沉闷孤僻、不宜接近……要是对所有的人都用统一的说话方式来交流，那你的成功之路就会步步荆棘。

孔子带着他的几名学生出外讲学、游览，一路上十分辛苦。这一天，孔子一行人来到一个村庄，他们在一片树荫下休息，正准备吃点干粮、喝点水，不料，孔子的马挣脱了缰绳，跑到庄稼地里去吃了人家的麦苗。一个农夫上前抓住马嚼子，将马扣下了。

子贡是孔子最得意的学生之一，一贯能言善辩。他凭着不凡的口才，自告奋勇地上前去企图说服那个农夫，争取和解。可是，他说话文绉绉，满口之乎者也，天上地下，将大道理讲了一串又一串，尽管费尽口舌，可农夫就是听不进去。

有一位刚刚跟随孔子不久的新学生，论学识、才干远不如子贡。当他看到子贡与农夫僵持不下的情景时，便对孔子说："老师，请让我去试试看。"

于是他走到农夫面前，笑着对农夫说："你并不是在遥远的东海种田，我们也不是在遥远的西海耕地，我们彼此靠得很近，相隔不远，我的马怎么可能不吃你的庄稼呢？再说了，说不定哪天你的牛也会吃掉我的庄稼哩，你说是不是？我们该彼此谅解才是。"

农夫听了这番话，觉得很在理，责怪的意思也消释了，于是将马还给了孔子。旁边几个农夫也互相议论说："像这样说话才算有口才，哪像刚才那个人，说话不中听。"

在这个典故当中，子贡之所以无功而返，就是因为他在说话时没有看清对象，而是从自己的角度出发，说了一大堆之乎者也的道理，目不识丁的农夫怎么能听进去呢？相反的是，另一个学生用极其直白的语言与对方沟通，对方很容易就听进去了。由此可见，说话不考虑对象，就等于不看箭靶就盲目射击。

见什么人，说什么话，在销售工作中更要如此。我们不能想说什么就说什么，而要在说话之前看清对象，仔细分析客户的性格特征，针对不同性格的客户说不同的话，这样才能在销售工作中创造一个和谐的氛围，以达到销售的目的。

日本有个推销大王名叫山田久二。他推销的秘诀就是见什么人说什么话。他十分喜好模仿对方的口音、语言、身体姿态，然后依据对方的爱好、职业等特点来装扮自己，使对方感到特别亲近可靠。有人批评他是"逢场作戏"，对他这种做法很不以为然。他则说："我不是做戏，是为了向对方表明我是和他们同类的人——人们需要这样。"

朱元璋做了皇帝。一天，他以前的一位苦难朋友从乡下赶到京城去找他，他对朱元璋说：

"我主万岁！当年微臣随驾扫荡庐州府，打破罐州城，汤元帅在逃，拿住豆将军，红孩儿当关，多亏菜将军。"

他说的话很好听，朱元璋心里当然很高兴。回想起来，也隐约记得他的说话里像是包含了一些从前的事情，所以，立刻就封他为大官。

另外一个苦朋友得知了这个消息，他心想："同是那时候一块儿玩的人，他去了既然有官做，我去当然也不会倒霉的吧？"他也就去了。

一见朱元璋的面，他就直通通的说：

"我主万岁！还记得吗？从前，我们两个都替人家看牛，有一天，我们在芦花荡里，把偷来的豆子放在瓦罐里煮着。还没等煮熟，大家就抢着吃，罐子都被打破了，撒下一地的豆子，汤都泼在泥地里。你只顾从地下满把地抓豆子吃，不小心把红草叶子也一嘴吃进嘴里了，叶子哽在喉咙口，苦得你哭笑不得。还是我出的主意，叫你用青菜叶子放在手上一并吞下去，这样红草的叶子才一起下肚了……"

这位老兄还在那里喋喋不休时，宝座上的朱元璋已经坐不住了，心想，此人太不知趣，居然当着文武百官的面揭我的老底儿，让我这个当皇帝的脸往哪儿搁？盛怒之下，朱元璋下令把这个穷哥们儿杀了。

朱元璋本是乞丐出身，而且当过和尚，但是他当上皇帝之后，这些经历就成了他的禁区。这个穷哥们哪里知道这些，自以为跟朱元璋感情很好，居然当众揭了皇帝的老底，岂不是自找倒霉吗？在我们的销售工作中，如果不能做到说话看对象，就可能会跟故事中的这个穷哥们一样，不仅达不到自己的目的，还会得罪一些本不该得罪的人，在以后的道路上就会多一些障碍。

俗话说："有一千个读者，就会有一千个哈姆雷特。"同理，一句话跟一千个人说，就会产生一千种不同的效果。如果你掌握了"见什么人说什么话"的本领，就能在与客户沟通的过程中把话说到客户的心坎上，使客户乐于接受；反之，如果你说话不看对象，一上来就不分青红皂白地乱说一气，则会使客户反感，使销售工作陷入僵局。

激将法——满足客户的自尊心、好胜心

《西游记》有一回说道："三魔见老魔怪他，他又作个激将法。"所谓激将法，就是利用别人的自尊心和逆反心理，以"刺激"的方式，激起不服输情绪，将其潜能发挥出来，从而得到不同寻常的说服效果。

唐天祐年间，叛臣朱全忠用计诱骗五路兵马反驻守太原的唐晋王李克用。叛军中一员猛将，名叫高思继，他相当勇猛，而且善用飞刀，百步取人性命。后来，晋王李克用的十三太保李存孝带病上马，迎战高思继，二人大战一场，李存孝将高思继生擒回营。

高思继被擒后，不愿做官，执意要回山东老家过"苦身三顷地，付手一张犁"的田园生活。晋王苦留不住，只好答应。

后来，李存孝被奸臣康立君、李存信所害，朱全忠闻李存孝已死，又发兵来犯，帐前王彦章不仅勇猛盖世，且智谋过人。晋王将士皆哑然相对，无人请战，晋王见状，痛哭一场。还是长子李嗣源说道："昔日降将高思继闲居山东郓州，何不请他迎敌？"晋王听后大喜，立即命李嗣源去山东求将。

李嗣源到了山东后，找到了高思继。提起前事，高思继说道：

"自勇南公李存孝饶了我性命，回到老家，'若身一顷地'与世无争，今已数年，早把兵家征战之事置之身外。今日相见，别谈这些。"李嗣源见高思继已无出山之意，心想，自古道：文官言之，武将激之。对高将军好言相求，难以收效，必须巧用激将之法，激其就范。于是，他编出一通谎言，说道："天下王位，各镇诸侯，皆闻将军之名，如雷贯耳，称美不已。我与王彦章交战被他赶下阵来，我对王彦章说：'今来赶我，不足为奇，你如是好汉，且暂时停战，我知道山东浑铁枪白马高思继，盖世英杰，有万夫莫当之勇。待我请来，与你对敌。'王彦章见我阵营前夸耀将军，愤然大叫：'就此停战，待你去请他来，不来便罢，若到我宝鸡山来，看我不把他剁成肉酱！'"

高思继听此一话，不由得心头火起，口中生烟，大叫家丁："快备白龙马来，待我去生擒此贼！"于是就披挂上马，跟随李嗣源往宝鸡飞驰而去。

高思继和李嗣源快马加鞭，日夜兼程，赶到唐营，晋王见了高思继喜出望外。第二天，王彦章又来挑战，高思继说："臣虽不才，愿领兵出战！"遂披挂绰枪上马，直出阵前，挺枪直取王彦章。两人连斗300回合，难分胜负，直战到天黑，双方见天色已晚，才鸣金收军。

次日，两人又在战场上大战50回合。王彦章见难以取胜，便佯装败走，高思继从后面赶来，被王彦章用回马枪刺死。晋王听到这个消息后，大叫一声："气杀我也！"口角喷血，倒于地下，不久后也死了。

激将法虽然是古代用在战斗上的一种激励手段，但它揭示的道理在今天的销售工作中也有可用之处。我们常常会遇到这样的客户，他们虽然有产品需要，而且也能接受产品的价格，但总是犹犹豫豫，拿不定主意。在这种情况下，销售员可采用一些特殊的语言刺激客户的心理，从而引发对方的情绪波动和心态变化，促使对方做出购买决定。

一天，原一平的业务顾问给他写了一封信，要他去见一个男性用品制造公司的董事长。

原一平拿着那封信去了好几趟，可董事长都不在家，每次出来开门的都是同一位老人。当他询问老人“董事长什么时候在家”时，那位老人总是淡淡地说：“不一定，有时候在，有时候不在，谁知道呢？”

就这样，原一平在3年零8个月的时间里一共跑了71次，每次去都扑空。原一平不甘心就此放弃，他暗下决心，一定要找到一个机会见一见这位神秘傲慢的董事长。

一次偶然的机会，原一平发现一位商人从董事长家走了出来。原一平马上跑上前去问：“请问住在对面的那位董事长长什么样？”

那位商人的回答让原一平勃然大怒，原来每次给他开门的那位老人就是董事长！原一平觉得自己受到了戏弄，决定跟这位老人理论一番。

他抽了两根烟，平息了一下情绪，再次敲开了董事长家的门。

那位老人开门一看，诧异地问：“怎么又是你？”

原一平说：“我是来找董事长的，请问他在家吗？”

老人还是以前的腔调：“不在，他今天一早就出去了！”

原一平十分生气地说：“你说什么，你明明就是董事长，为何老是骗我？让我白跑了71趟？”

老人也提高了嗓门说：“哼，谁不知道你是来推销保险的！”

原一平意识到自己已经无路可退了，只有用激将法试一试。他仔细地观察老人，从他的脸色可以看出他身体不好，如果投保也会被保险公司拒绝的。于是他面带不屑地说：“我才不会向你这种一只脚踏

进棺材的人推销保险呢！”

老人明显被激怒了，涨红了脸说：“什么？你说我没资格投保？”

“你一定没资格！”原一平针锋相对。

“带我去体检！”老人说。

“哼！单为你一个人我不干。如果你全家人都投保的话，我就干！”

“全家去就全家去！快找医生来！”老人掉入了原一平的陷阱里。

几天后，原一平安排了所有人员的体检。结果，除了董事长因肺病不能投保外，其他的人都成了他的投保户。这一次投保的金额高出了原一平原有记录的5倍。

这个世界就有这样的人，你夸他他不乐，你骂他他不怒，似乎全无弱点。这个时候，你就需要“激”他一“激”了。从心理学的角度来说，激将法运用了人们的心理代偿功能。每个人都有自尊心、荣誉心，如果你能用恰当的言语将其激发出来，就会改变对方对你的态度，从而得到不同寻常的说服效果。

俗话说：“劝将不如激将。”激将法是化解客户拒绝最有效的方法之一，它能在短时间内取到可喜的效果，就像成功地牵住了牛鼻子，你往哪边拉，牛就往哪边走了。

一位保险销售员在向一客户销售保险时，客户对保险产品的情况了解以后，却迟迟不愿意签单购买保险。

对此，销售员说：“您知道吗，现在有很多的人都会给自己的妻子和孩子买人身安全保险，因为他们觉得妻儿的人身安全永远是第一位的。这种保险不仅是一种投资，更体现了一位丈夫对妻子的呵护、一位父亲对孩子的关爱……”

客户打断了他的话：“这些我都知道，不过我得再考虑一下。”

销售员大声地说：“这不是您真正的理由！我觉得您并没有尽到做丈夫和父亲的责任。您如果真正关心他们，就会希望他们时刻平安，而为他们买人身安全保险是关心他们平安的重要体现。现在，您的妻子和儿女都没有投平安险，实在看不出您对他们的关爱……”

这位自认为称职的丈夫、父亲终于忍不住了，他说：“那就买两份保险吧，反正为了他们也不在乎两份保险的钱！”

正所谓“水激石则鸣，人激志则宏”，这名销售员抓住了男人爱面子的心理，正确而果断地使用了激将法，使生意能够顺利成交。

不过，激将法虽然是营销谈判中常用的语言策略，但它隐含着对客户的“逼迫”，所以有一定的局限性。运用激将法时，销售员如果激错了对象，或者用错了语言，就会伤害对方的自尊，甚至还会因“自尊问题”惹出其他问题。这样一来，事情就会向更坏的方向发展，反而不利于成交。

欲擒故纵——你越是不卖，客户就会越是要买

一位刚退休的老人回到老家，在一个小城买了一座房住了下来，想在那儿安静地度过自己的晚年，写些回忆录。

刚开始的几个星期，一切都很好。安静的环境对老人的精神和写作很有益。但有一天，三个半大不小的男孩子放学后开始来这里玩。他们把几只破垃圾桶踢来踢去，玩得不亦乐乎。

老人受不了这些噪音，于是出去跟年轻人谈判。“你们玩得真开心，”他说，“我很喜欢看你们年轻人踢桶玩。如果你们每天来玩，我给你们三人每人一块钱。”

三个小孩子很高兴，更加起劲地表演他们的足下功夫。过了三天，老人忧愁地说：“通货膨胀使我的收入减少了一半，从明天起，我只能给你们5毛钱。”

小孩子们很不开心，但还是答应了这个条件。每天下午放学后，继续去进行表演。一个星期后，老人愁眉苦脸地对他们说：“最近我没有收到养老金汇款，对不起，每天只能给两毛钱了。”

“两毛钱？”一个小孩子脸色发青，“我们才不会为了区区两毛钱浪费宝贵时间为你表演呢，不干了。”

从此以后，老人又过上了安宁的日子。

这就是“欲擒故纵法”。所谓欲擒故纵，是指故意先放开他，使他放松戒备，充分暴露，然后再把他捉住。此法运用在现代的营销工作中也是很有效果的。

在营销界，“欲擒故纵法”又称“冷淡成交法”，是针对买卖双方经常出现的戒备心理和对峙现象，在热情的服务中不应向对方表示“志在必得”的成交欲望，而是先让客户尝到甜头，等客户割舍不掉时，再转入实际，让他不得不购买你的产品。

第一次世界大战时期，美国有一位叫哈利的大富翁，他是一个做生意的奇才。15岁时，他在一个马戏团当童工，主要工作是叫卖柠檬冰水。为此，哈利动起了小脑筋。令人不解的是，在马戏开始前，他却站在门口大声喊：“来，来，顶好吃的花生米，看马戏的人每人赠送一大包，不要钱。”听到叫喊声，观众被吸引了过去。高兴地拿走不要钱的花生米，进入戏场看马戏。可哈利在炒这些花生米时，特地多加了一些盐，不但吃起来味道更好，而且越吃口越干。就在这时，哈利又出现了。他提着爽口的柠檬冰水挨座叫卖，几乎所有拿过免费花生的观众都买了他的柠檬冰水。

欲擒故纵中的“擒”和“纵”是一对矛盾，“擒”是目的，“纵”是方法。在消费行为过程中，当客户的心理需要得不到满足的时候，反而会更加刺激他强烈的需要，这就是逆反心理。一名优秀的销售员，懂得利用客户的逆反心理，让对方产生强烈的好奇心，你越是不卖，对方就会越是要买。

一次，一个老鞋匠正在和几个老人闲聊，走过来一名穿戴入时的妇女，送来一只皮鞋问老鞋匠：“师傅，你看这鞋能修吗？”

老鞋匠看了一眼，说：“您看我有活正忙着呢，您如果着急，里

边还有几个修鞋的。”

妇女的确不愿意等，就朝远处走去了。

有人便不解地问老鞋匠：“为什么有活来了，你却给支走了呢？”

老鞋匠笑着说：“你看那只鞋做工精细、皮质又好，少说得上千元，如果修不好，弄坏了咱可赔不起。不是我夸口，我不敢接的话，别人也绝对不敢接，最后啊，她一准儿回来。”

果然，那妇女不大会儿工夫就又回来了。老鞋匠把鞋拿到手里左瞧右看：“您这鞋得认真仔细地修，很费时间的，您明天来取吧。”妇女虽然不太情愿，但也只好应允。

等她走后，老鞋匠三下五除二，一会儿就把鞋给修好了。

又有人问：“你修得这么快，为什么非让人家明天来取？”老鞋匠笑了：“看着你把鞋修好，顶多收三五块钱，等到明天，那么贵的鞋至少收十元。”

第二天，妇女取鞋时，看见鞋修得很好，高兴地给了20元走了。

老鞋匠懂得欲擒故纵，既摸透了客户的心理，又吊足了客户的胃口，因此“三五块钱”也很容易地变成了20元钱。

当正常方法无法完成销售任务时，销售员往往需要运用一些谋略，欲擒故纵就是一个很好的法子。只要你抓住了客户的心理，那么你也就抓住了产品销售的机会。你想卖出去一种产品，切忌万万不可操之过急，不妨一开始就开出诱人的条件，过后再提出附带条件，这样，客户即便感觉有些损失，也往往会接受。

瑞德先生的私家车已经用了很多年，经常发生故障，他决定换一辆新车，这一消息被某汽车销售公司得知，于是很多的销售员都来向他推销轿车。

每一个销售员来到瑞德先生这里，都详细介绍自己公司的轿车性能多么的好，多么的适合他这样的公司老板使用，甚至还嘲笑说："你的那台老车已经破烂不堪，不能再使用了，否则有失你的身份。"这样的话无疑让瑞德先生心里特别反感和不悦。

销售人员的不断登门，让瑞德先生感到十分烦躁，同时也增加了他的防备心理，他心想：哼，这群家伙只是为了推销他们的汽车，还说些不堪入耳的话，我就是不买，我才不会上当受骗呢！

不久又有一名汽车销售员登门造访，瑞德先生心想，不管他怎么说，我也不买他的车，坚决不上当。可是这位销售员只是对瑞德先生说："我看您的这部老车还不错，起码还能再用上一年半载的，现在就换未免有点可惜，我看还是过一阵子再说吧！"说完给瑞德先生留了一张名片就主动离开了。

这位销售员的言行和瑞德先生所想象的完全不同，让瑞德先生一时间无所适从。销售员走后，瑞德先生越想越觉得自己该换一辆新车了。于是一周以后，瑞德先生拨通了那位销售员的电话，并向他订购了一辆新车。

这就是"欲擒故纵法"的妙处，在销售工作中，只要你把"欲擒故纵法"精通地运用，表现出"条件不够，不强求成交"的宽松心态，就一定会让客户产生"不买就会后悔"的心理，从而使对方主动购买你的产品。

需要注意的是，欲擒故纵虽然是一个很好的方法，但我们对待客户一定要真诚，不能耍花招，更不能搞太多的噱头。不然，等客户识破这些虚伪的东西后，那你失去的不仅仅是这个单子，更将失去客户对你的信任，得不偿失。

软磨硬泡——练就一张“厚脸皮”

要想成为一名优秀的销售员，必须要有一张“厚脸皮”。中国有句古话：“脸皮厚，吃不够；脸皮薄，吃不着。”无独有偶，比尔·盖茨在一次应邀参加的毕业典礼上，对即将走出校门、踏入社会的青年一代也说了类似的话：“这个世界不会在意你的自尊，人们看的只是你的成就。在你没有成就以前，切勿过分强调自尊。”这些话听起来很糙，但理却不糙，只有顺利闯过“面子关”，才能面对生活中的种种挫折，才能有所成就。

作为一名初出茅庐的销售新人，当你面对陌生的客户时，会不会感到呼吸加速、心跳加快呢？要想和那些成功的销售员一样谈笑自如，你必须战胜恐惧心理。而战胜恐惧心理的唯一办法，就是练就一张“厚脸皮”。

世上的人千奇百怪，你遇到的客户也形形色色。有的人态度傲慢、架子十足；有的人温文尔雅、平易近人；有的人两面三刀，当面拍着胸脯答应你，过后却死不认账……销售员在面对客户时，始终要明白自己是有求于人。既然有求于人，就难免在别人面前自觉低人一等。脸皮薄的人受不了被别人拒绝，被拒绝后也不好意思再去面对客户，而害怕被拒绝的人是不可能成为优秀的销售员的。

英国前首相丘吉尔说：“一个人绝对不可在遇到危险的时候，背过身去试图逃避。若是这样做，只会使危险加倍。但是，如果立刻面对它，毫不退缩，危险便会减半。决不要逃避任何事物，决不！”销售员在面对拒绝和挫折时，决不能半途而废，而应该是理智占据上风，采取忍耐的态度，软磨硬泡也好，死缠烂打也罢，反正不达目的誓不罢休。

土光敏夫是日本有名的实业家和企业家。1946年，他被推举为石心岛芝浦透平公司总经理。当时，日本尚处在战乱之中，百姓生活苦不堪言，企业的发展更是遭遇瓶颈，其中最大的困难就是筹措资金。在当时的情况下，即便是一些大企业也资金紧张，更何况艺浦透平这种成立不久的小公司，根本就没有哪家银行肯借钱给他们。

土光敏夫上任后，决定扭转乾坤，背水一战，向第一银行贷款部经理长谷川求救。当然，他知道此举决非轻而易举之事。

他让秘书准备了一个旅行袋，里面放了两个饭盒，去见长谷川，一进门就摆出了不达目的誓不罢休的气势。他说：“今天借不到钱，我无论如何都不回家！”

长谷川则装出爱莫能助的无奈之态，并且对他非常冷淡，土光敏夫说了大半天，他还是一声不吭，结果谈了半天也没有任何进展。

就这样一直耗到中午，一脸疲倦的长谷川打算借机溜走，土光敏夫便慢条斯理地拿出了带来的饭盒，关心地问：“你也饿了吧？那让我们边吃边谈吧，谈到天黑也行。”硬是不让长谷川走开。

在这种死皮赖脸的攻势下，长谷川终于松口了，最后完全接受了土光敏夫的贷款要求。此后，土光敏夫为了使政府给机械制造业支付补助金，曾以同样的方式向政府开展申诉活动。正是凭着这种“无赖”精神，他屡屡得手。几年后，在日本国内，“说客”土光敏夫的大名流传开来。

土光敏夫之所以能够成功地达到目的，就在于他运用了“软磨硬泡”的战术，既“磨”又“泡”，情真意切，用自己的诚心感化了对方。人心都是肉长的，再硬的心也经不住硬磨。“软磨硬泡”的精髓在于一个“磨”字，只要你下定决心，一“磨”再“磨”，就没有办不成的事。

宋朝赵普曾做过太祖、太宗两朝皇帝的宰相，他个性率直坚韧，认定的事情，九头牛都拉不回来。

有一次，赵普向宋太祖推荐一位官吏，但因太祖不大喜欢这个人，所以对赵普的奏折不予理睬。

赵普没有灰心，第二天上朝又向太祖提出这项人事任命申请，请太祖裁定，太祖还是没有答应。

赵普仍不死心，第三天又提出来。太祖这次动了气，将奏折当场撕碎扔在了地上。但赵普自有他的招数，他默默无言地将那些撕碎的纸片一一拾起，回家后再仔细粘好。第四天上朝，话也不说，将粘好的奏折举过头顶立在太祖面前不动。

太祖为其所感动，长叹一声，只好准奏。

赵普还有类似的故事。某位官吏按政绩应该晋升，身为宰相的赵普上奏提出，但因皇帝平时就不喜欢这个人，所以对赵普的奏折又不予理睬。但赵普出于公心，不计皇帝的好恶，前番那种坚韧性的表现又重复起来。皇帝拗他不过，不得不勉强同意了。

皇帝事后追问：“如果我不同意，这次你会怎样？”

赵普面不改色道：“有过必罚，有功必赏，这是一条古训，不能改变的原则，皇帝不该以自己的好恶而无视这个原则。”也就是说，您虽贵为天子，也不能用个人感情处理刑罚褒赏的问题。

这话虽然冲撞了皇帝，皇帝一怒之下拂袖而去，赵普紧跟在后面，到皇帝寝室的门外站着，垂首低头，良久不动，下决心皇帝不出来他就

不走了。最后皇帝也只能原谅了他的无礼，还褒奖了他的忠诚。

有一位销售员这样说过："我之所以能说服别人，也没有什么万能钥匙，要说经验只有四个字：软磨硬泡。""软磨硬泡""泡"的是时间，对双方来说，时间都是极其宝贵的，人们最耗不起的是时间。所以，当你摆出一副"打持久战"的架势时，对方就会被你的毅力和韧性所感化，从而愿意买你的产品。

“威胁”策略——让客户看到问题的严重性

一个销售人员向爱斯基摩人销售冰块。

销售员：你好，你是否考虑过买新鲜的冰？

爱斯基摩人：冰？我们这儿到处都是冰。

销售员：我知道，你们用冰盖房子，用冰筑路，用冰……

爱斯基摩人：是的，我们最不缺的就是冰。

销售员：你们喝水也用冰了？

爱斯基摩人：当然。

销售员：你是否发现这些冰有的被粪便、动物的内脏或邻居倒的脏东西污染了？

爱斯基摩人：我不知道，没那么严重吧？

销售员：如果你用的水中正好有这些脏东西，你感觉会怎样？

爱斯基摩人：我不愿意那么想。

销售员：如果这些脏东西让你身体不舒服，你会怎么办？

爱斯基摩人：我会去看医生的。

销售员：你知道这是什么原因造成的吗？

爱斯基摩人：那些脏冰。

有很多客户对于那些跟自己无关的事，往往会采取敷衍了事的态度。所以，想要让客户心甘情愿地购买你的产品，那你不妨告诉他："假如此时不购买我的产品，你将会受到……损失。"一旦客户发现事关自己的切身利益，就会引起重视，从而引发需求的欲望。

在运用这一策略时，销售员一定要弄清楚客户最关心的产品优势是什么，千万不要在客户不关心的地方大做文章；同时，销售员还要把握好"威胁"的尺度，不可任意夸张或是随口乱编。要在充分尊重客户的基础上，有技巧、有条理地进行说服。

一位名叫山本的客户听完保险销售员原一平的保险介绍后，犹豫不决地说道："我的亲友、同事都知道我有多么爱护我的家人，为了他们也为了我可以安心地工作，我的确应该签下这份保险合同，让我再看看有什么细节之处需要斟酌。"

一番细读之后，山本不禁皱起了眉头，"我一个月前刚在一家大医院做完体检，为什么规定我还要做一次，太麻烦了。"

原一平说："是的，我知道再做一次体检会给您添麻烦，更不会怀疑那家医院的权威性。可是按照规定如果您要签这份保险合同，就必须再做一次体检，这样虽然给您添了一次麻烦，但是省去了因为不做体检而产生的更多麻烦，还是值得的。"

山本又说："签合同以后三天之内可以撤签合同，为什么不是一个星期，这样我可以多一点考虑的时间。还有，你看还有这条……我觉得都应该再商量。"

原一平想了想，笑着对山本说："噢，山本先生，我明白您为什么还有些犹豫不决了。也许是我错了，我不应该让您签订这种方式的保险合同，而应该签订我们公司最新设计的'29天保险合同'。"

山本问道："这是什么新的保险品种？"

原一平说："这个新保险品种的最大特点就是您只需交纳50%的

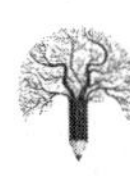

保险费，却能100%享受刚才那个正常规模的保险金额。所谓29天保险，也就是说您每月受到保险的日子一共有29天。比如这个月是4月份，有30天，您可以得到29天的保险，只有一天例外。这一天可以由您选择。”

山本眼前一亮，说道：“那我选星期六或者星期天，这个时候我一般都在家休息，像什么车祸、抢劫之类的事我肯定碰不上。”

原一平摇摇头说：“恰恰相反，根据保险公司的理赔统计，发生在家庭里的意外事件远高于户外，家庭是理赔案发生比例最高的地方。”说完后，原一平将一些统计资料交到山本手中。

山本看完后，马上低头不语，看着桌上的茶杯发愣。

原一平直视着山本，认真地说：“很抱歉，山本先生，我知道我的话伤害了您，即使您现在把我赶出您的家门也不为过。因为我忽略了您是一位对家属非常有责任感的男士，也忽略了您所能给您家属带来的幸福。我知道您心里一定在想：每个月只有29天具有保险效力，那么万一在剩下的那一两天里发生了意外就得不到保险赔偿。请您放心，虽然现在险种有各式各样，但是目前我们公司并未认可这种‘29天保险’的险种，我只不过是冒昧地说说而已。之所以这么做是我从一开始就确信，以您的智慧是了解所要签订的那份全价合同的价值，它规定在一天24小时里连一分钟也不会丢下，不管在什么地方，都能对您进行保障。这不正是您和您的家属所希望的吗？”

山本完完全全地被原一平说服了，心悦诚服地投了费用最高的保险。

常言道：“事不关已，高高挂起。”跟自己无关的事情，人们一般不怎么去关心它。一旦事件跟自己有关联，或是威胁到了自己的利益，人们便会马上投入关注。所以，在销售工作中，一旦遇到油泼不进的客户，不妨适度运用“威胁”策略，让他意识到事情“跟自己有关”，而且“有些严重”，他就会自然而然地花费时间去认真思考。

需要指出的是，这里所说的“威胁”并不是恶意的恐吓和欺骗，而是销售员通过基于客户需求的认真分析，对客户进行的善意提醒，让客户觉得你的产品正好能够解决他们的问题。如果你把握不住火候，滥用、乱用，那就成了界外球，要挨罚扣分的。

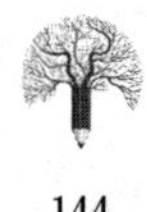

巧用幽默——在笑声中解决问题

在英国，有人曾在妇女中间做了一项调查，调查的问题是：你理想中的男人应该具备什么？

令人称奇的是，80%妇女的答案，不是金钱、名誉、地位、相貌，而是幽默和智慧。可见幽默的作用是多么举足轻重。

幽默是一种特殊的情绪表现，它是人际交往的润滑剂，一句幽默的语言往往能使双方在笑声中相互谅解和愉悦，也往往能不露声色地让对方摆脱窘境。

曾经有人形象地说："没有幽默感的语言是一篇公文、没有幽默感的人是一尊雕像、没有幽默感的家庭是一间旅店，而没有幽默感的社会是不可想象的。"具有幽默感的人，不管是在生活中还是工作中，总是能充满情趣，许多看来令人痛苦烦恼之事，他们却应付得轻松自如。

1943年，第二次世界大战已经进入尾声。当年11月份，中国、英国和美国三国政府首脑在埃及开罗举行讨论制定联合对日作战计划和解决远东问题的国际会议。

有一天，美国总统罗斯福因为有事要找丘吉尔商量，所以急匆匆地驱车来到了丘吉尔的住地。

11月份的开罗依旧酷热难耐，尤其是白天，气温常常超过四十摄氏度。所以，丘吉尔喜欢整天把自己泡在浴缸中。

当罗斯福赶到时，听到丘吉尔的歌声从浴室传出来。于是，罗斯福顺着歌声找了过去，撞见了躺在浴缸中一丝不挂的丘吉尔。

两个大国的元首在这样的场合下见面，的确有些尴尬。为了打破僵局，罗斯福马上开口道："我有急事找你商谈，这下可好了，我们这次真的能够坦诚相见了。"

丘吉尔笑了笑，在浴缸中泰然自若地说："总统先生，在这样的情形下，你应该可以相信，我对你真的是毫无隐瞒的。"

两位伟大人物的幽默对话，不仅轻松地化解了人际关系危机，还被传为了美谈。

销售作为一门艺术，也需要幽默。幽默具有很强的感染力和吸引力，能让客户在会心地一笑之后，对你的产品产生兴趣，从而诱发购买的动机。

可惜的是，很多销售员在工作中却往往疏忽了这一点，总是认为销售工作是一件很严肃的事情，便在和客户交流的时候，表情严肃，言语生硬，使客户感到沉闷和压抑，从而错过了大好的交易机会。

富兰克林·罗斯福说："幽默是人际沟通的洗涤剂。幽默能使激化的矛盾变得缓和，从而避免出现令人难堪的场面，化解双方的对立情绪，使问题更好地解决。"事实的确如此，在销售工作中，什么样的问题都可能遇到，而对付这些问题最好的办法，就是让它们变得有趣起来，在笑声中解决问题。

原一平天生矮个子，身高只有1.45米。他曾经为自己身材矮小而苦恼，但后来他想通了，认识到遗传基因是难以改变的，克服矮小的最佳办法就是坦然接受，然后设法将这缺点转化成为优点。

有一次，原一平的上司高木金次对他说："体格魁梧的人，看起来相貌堂堂，在访问时较易获得别人的好感；身体矮小的人，在这方面要吃大亏。你、我均属身材矮小的人，我认为必须以表情取胜。"原一平从这番话中获得了很大的启发。从那时起，他就以独特的矮身材，配上他经过苦练出来的各种幽默表情和幽默语言，在他向客户介绍情况时，经常逗得大家哈哈大笑，觉得他可爱可亲。如他登门向人家推销人寿保险业务时，经常有以下一些对话：

"你好！我是明治保险的原一平。"

"啊！明治保险公司，你们公司的销售员昨天才来过，我最讨厌保险了，所以他昨天被我拒绝了！"

"是吗？不过，我比昨天那位同事英俊潇洒吧！"原一平一脸正经地说。

"什么？昨天那个仁兄长得瘦瘦高高的，哈哈，比你好看多了。"

"矮个子没坏人，再说辣椒是愈小愈辣哟！俗话不也说人愈矮，俏姑娘愈爱吗？这话可不是我发明的啊！"

"哈哈，你这人真有意思。"

就这样，原一平与每一个客户交谈后，双方的隔阂就消失了，他给人留下了深刻印象，生意往往就这样很快做成了。

幽默的巨大力量，是在于它能够通过创造一种快乐而友好的气氛来减轻你身旁的烦恼。僵硬直白的表达往往是别人不愿意听的，而微笑和幽默却能起到超出预期的作用。

人们在面对陌生人的时候，往往会产生一种本能的戒备心理和抵触情绪。所以，大多数人碰到陌生人的第一反应是把自己隐藏起来，不让别人走进自己的心灵。这时候，如果你能将幽默运用到谈话中去，就能迅速驱散冷漠、活跃气氛。

有一位大学生平时说话很诙谐幽默。在他兼职做销售员时，有一次前去一家报社进行推销，开始他并没有说明自己的真正来意。

“你们需要一名富有才华的编辑吗？”

“不要！”

“记者呢？”

“也不需要！”

“印刷厂如有缺额也行！”

“不，我们现在什么空缺岗位也没有！”

“哦！那你们一定需要这个东西了！”大学生边说边从皮包里取出一些精美的牌子，上面写着：“额满，暂不雇人！”

对方也因为他的幽默言辞而轻松一笑，如此轻而易举地，在轻松愉快中促成了推销。

在春晚的节目中，小品之所以能够深受大家的喜爱，就是因为它的表现形式活泼生动、幽默滑稽。这种表现形式能够紧紧地抓住观众的心，使观众为之动容，为之倾倒。同理，在销售工作中加入幽默元素，不但能使你富有人格魅力，发挥影响力，还能帮你巧妙打破僵局，创造奇迹。

美国俄亥俄州的著名演说家海耶斯，30年前还是一个初出茅庐、畏首畏尾的实习销售员。一次，一个老练的销售员带着他到某地推销收银机。这位销售员并没有电影明星销售员那种堂堂相貌，他身材矮小、肥胖，红彤彤的脸却充满着幽默感。

当他们走进一家小商店时，老板粗声粗气地说：“我对收银机没有兴趣。”这时，这位销售员就倚靠在柜台上，格格地笑了起来，仿佛他刚刚听到了一个世界上最妙的笑话。店老板直愣愣地瞧着他，不知所以。

这时，这位销售员直起身子，微笑着道歉：“对不起，我忍不住

要笑。你使我想起了另一家商店的老板，他跟你一样说没有兴趣，后来却成了我们熟识的主顾。”而后这位老练的销售员一本正经地展示他的样品，历数其优点，每当老板以比较缓和的语气表示不感兴趣时，他就笑哈哈地引出一段幽默的回想，又说某某老板在表示不感兴趣之后，结果还是买了一台新的收银机。旁边的人都瞧着他们，海耶斯又困窘又紧张，心想他们一定会被当作傻瓜一样赶出去。可是说也奇怪，老板的态度居然转变了，想搞清楚这种收银机是否真有那么好。不一会，他们就把一台收银机搬进了商店，那位销售员以行家的口吻向老板说明了具体用法。结果这位销售员运用幽默的力量跨过了严肃之门，取得了成功。

幽默就是如此神奇，它能够创造一种轻松的气氛，促使别人愿意和你接近，愿意和你共处；它还是你工作的润滑剂，促使你更快、更好地完成工作。因此，在销售工作中，如果你能充分运用幽默的语言去表达，必将事半功倍。

美国一项有329家大公司参加的幽默意见调查表明：97%的销售员认为，幽默在销售中具有很重要的价值；60%的人甚至相信，幽默感决定销售事业成功的程度。所以，一个优秀的销售员必须富有幽默感，它能让客户在欢笑中喜欢你、欣赏你，从而接受你的产品。

美国学者特鲁说过：“幽默是一种能力，一种了解并表达幽默的能力；幽默力量是一种艺术，一种运用幽默和幽默感来增进你与他人的关系，并改善你对自己作真诚评价的一种艺术。”幽默是一种人生智慧和技巧的最高表现，是融化冷漠的和风细雨。所以，无论是朋友相处，还是销售，都应富有幽默感。

幽默感并非人人生来就具备，很多时候都需要通过后天的训练来获得和加强。美国前总统里根以前也不是幽默的人，在竞选总统时，别人给他提出了意见，于是他采用了最笨的办法使自己幽默起来：每天背一篇幽默故事。

创新——打破常规，出奇制胜

哈佛大学前校长陆登庭在北京大学演讲时说：“在迈向新世纪的过程中，一种最好的教育就是人们具有创新性，使人们变得更善于思考，更有追求的理想和洞察力，成为更完善、更成功的人。”由此可见，创新能力在对于一个人的成长和发展十分重要。

作为一名销售员，你回想一下自己在做业务期间，自己的说话方式、办事原则，是不是都在刻意地模仿那些有经验的销售员呢？答案或许是肯定的，只是你自己没有察觉出来而已。如果你将模仿升华为你的工作原则，那么你只能一味地跟在别人后面，最终沦为一个可怜的附庸者。

有一位商人，带着两袋大蒜，骑着骆驼，一路跋涉到了遥远的一个国家。那里的人们从没见过大蒜，更想不到世界上还有味道这么好的东西。因此，他们用当地最热情的方式款待了这位聪明的商人，临别赠予他两袋金子作为酬谢。

另有一位商人听说了这件事后，不禁为之动心。他想：大葱的味道不也很好么？于是他带着葱来到了那个地方。那里的人们同样没有见过大葱，甚至觉得大葱的味道比大蒜的味道还要好！他们更加

热情地款待了商人，并且一致认为，用金子远不能表达他们对这位远道而来的客人的感激之情，经过再三商讨，他们决定赠予这位朋友两袋大蒜！

懂得创新，你就会得到宝贵的金子；盲目跟风，你只能得到廉价的大蒜。

艾默生在《自我信赖》中说："一个人总有一天会明白，嫉妒是无用的，而模仿他人无异于自杀。因为无论好坏，人只有自己才能帮助自己，只有耕种自己的田地，才能收获自己的玉米。上天赋予你的能力是独一无二的，只有当你自己努力尝试和运用时，才知道这份能力到底是什么。"第一个吃螃蟹的人是勇士，第二个吃螃蟹的人是追随时尚者，第三个吃螃蟹的人就是庸才。作为一名销售员，你必须建立创新的思维方式，打破常规，出奇制胜，才能保证销售的成功。

美国福特汽车公司是美国最早、最大的汽车公司之一。1956年，该公司推出了一款新车。这款汽车式样、功能都很好，价钱也不贵，但是很奇怪，此车竟然销路平平，和当初设想的完全相反。

公司的经理们急得就像热锅上的蚂蚁，但绞尽脑汁也找不到让产品畅销的办法。这时，在福特汽车销售量居全国末位的费城地区，一位毕业不久的大学生，对这款新车产生了浓厚的兴趣，他就是艾柯卡。

艾柯卡当时是福特汽车公司的一位见习工程师，本来与汽车的销售毫无关系。但是，公司老总因为这款新车滞销而着急的神情，却深深地印在了他的脑海里。

他开始琢磨：我能不能想办法让这款汽车畅销起来？终于有一天，他灵光一闪，于是径直来到经理办公室，向经理提出了一个创意，在报上登广告，内容为："花56元买一辆56型福特。"这个创意的具体做法是：谁想买一辆1956年生产的福特汽车，只需先付20%的货款，余下部分可按每月付56美元的办法逐步付清。

于是他的建议得到了采纳。结果，这一办法还真的十分灵验，“花56元就可以买到一辆56型福特”的广告人人皆知。

“花56元买一辆56型福特”的做法，不但打消了很多人对车价的顾虑，还给人制造了“每个月才花56元，实在是太合算了”的这样一个印象。

奇迹就在这样一句简单的广告词中产生了：在短短的3个月时间里，该款汽车在费城地区的销售量，居然从原来的末位一跃而成了全国的冠军。

这位年轻工程师的才能很快就得到了赏识，于是总部将他调到华盛顿，并委任他为地区经理。

后来，艾柯卡不断地根据公司的发展趋势，推出了一系列富有创意的举措，最终坐上了福特公司总裁的宝座。

人若是被条条框框所束缚，就等于是束缚了自己的手脚。很多销售员由于害怕承担责任，一味地墨守成规，惧怕改变，不愿意尝试用新的方法去解决问题。他们的做事准则是：不求有功但求无过。如果你坚持这样的想法，那么你充其量只能作为“垫底”的，绝对不会鹤立鸡群。法国作家贝尔纳说：“妨碍人们学习的最大障碍，并不是未知的东西，而是已知的东西。”创新就是要破除这些传统，突破思维定式，在改变中求发展、求进步。

这个时代是个以新求胜、以新求发展的时代，只有养成“不断创新”的习惯，你才能始终走在别人前面。一个优秀的销售员，总是在不断地创新、创新、再创新，完善、完善、再完善。

科特大饭店是美国加州圣地亚哥市的一家老牌饭店，由于原先配套设计的电梯过于狭小陈旧，已无法适应越来越多的客流，于是，饭

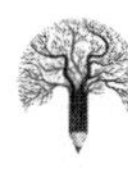

店老板准备修建一个新式的电梯。他重金请来两位全国一流的建筑师和工程师，请他们提交改建方案。

经过讨论，经验丰富的建筑师和工程师得出了一致的结论：饭店只能重新换一台更大的电梯，而要更换新电梯，饭店必须歇业半年。

“除此之外就没有别的办法吗？”这结论让老板眉头紧锁。要知道，半年不营业，不仅直接经济损失巨大，更关键的是造成熟客的流失。

“不可能有别的方案。”建筑师和工程师回答得斩钉截铁。这时，在附近拖地的清洁工恰好听到了他们的谈话，他直起腰停止了工作，看了看忧心忡忡、神色犹豫的老板和一脸自信的两位专家，突然开口说：“如果换了我，你们知道我会怎么来装这个电梯吗？”

工程师瞟了他一眼，不屑地说：“你能怎么做？”

“我会直接在屋子外面装上电梯。”

这时，所有人都不说话。在户外新装电梯，不仅施工简便、花费较小，而且饭店不用停业，不久饭店外面新装了一部电梯。在建筑史上，这是第一次把电梯装在户外。

威廉·詹姆斯说：“一般人的心智使用率不超过10%，大部分人不太了解自己还有什么才能。与我们应该取得的成就相比，其实我们还有一半以上能力并未觉醒。我们只运用了身心资源的一小部分。人们往往都活在自己所设的限制中，我们拥有各式各样的资源，却常常不能成功地运用它们。”创新并不是少数天才的专利，每个人都可以有创新意识，只要你敢于打破思维的惯性，跳出思维模型所造成的定式状态，就一定能获得常规之外的东西。

如今竞争异常激烈，你拥有的，别人同样也拥有，如何开发新的客户，如何在竞争中立于不败之地，最关键的就是创新精神。作为一名成功的销售员，一定要有创新意识，只有不断地吸收新的东西，不断变通，才能不断成长，不断前进。

第六章

不懂心理学，怎么做销售?

销售行业有一句名言："成功的销售员一定是一个伟大的心理学家。"所以，要想成为一名成功的销售员，一定要学会全面地了解客户的心理，洞悉客户的想法。这样才能快速地突破客户的心理防线，才能提升销售业绩。

首因效应：给客户留下美好的第一印象

首因效应，也叫首次效应、优先效应或第一印象效应，指在人们的交往中第一次给人留下的印象，会在对方头脑中占据主导地位。

美国心理学家洛钦斯于1957年首次进行“首因效应”效果的实验研究。他设计了四篇不同的短文，分别描写一位名叫杰姆的人。第一篇文章整篇都把杰姆描述成一个开朗而友好的人；第二篇文章前半段把杰姆描述得开朗友好，后半段则描述得孤僻而不友好；第三篇与第二篇相反，前半段说杰姆孤僻不友好，后半段却说他开朗友好；第四篇文章全篇将杰姆描述得孤僻而不友好。洛钦斯请四个组的被试者分别读这四篇文章，然后在一个计量表上评估杰姆的为人到底友好不友好。

实验结果表明，篇幅内容的前后安排是至关重要的。开朗友好在先，评估杰姆为友好者为78%；孤僻不友好在前，开朗友好在后，评估杰姆为友好者仅为18%，从实验研究可见，首因效应极为明显。

当你走入一个新的环境，比如，参加一个聚会或者跟某人第一次见面时，你身边的朋友常常会这样劝告你：“要注意你给别人的第一印象！”很多情况下，两人以后交往的好坏，多半与其给对方留下的第一印象有很大的关系。

《三国演义》中“凤雏”庞统当初准备效力东吴，于是去面见孙权。孙权见到庞统相貌丑陋，心中先有几分不喜，又见他傲慢不羁，更觉不快。最后，这位广招人才的孙仲谋竟把与诸葛亮比肩齐名的奇才庞统拒于门外，尽管鲁肃苦言相劝，也无济于事。可见第一印象的影响之大！

有一位房地产销售界的元老曾这样说过：“如果你想卖一栋房子，请把入口布置得有吸引力。这将会给客户留下最好的第一印象。”作为一名销售员，在与客户交往时，最初的印象非常重要。根据相关资料统计，销售人员的失败，80%的原因是因为留给客户的第一印象不好。也就是说，在很多情况下，客户还没等到你开口，就已经决定要不要跟你继续谈下去了。

第一次跟客户见面时，你给对方留的第一印象就是你的仪表。一个衣冠不整、邋遢不堪的人，不可能给人留下较好的印象。所以，对于一名销售员来说，要注意在衣着服饰上下些工夫，做好必要的表面文章。穿一套好的服装，会使你显得精神抖擞，信心百倍，同时还会给人留下一种干练的印象。

头发、牙齿、胡子、脸也是应该经常修理的部分。头发一定不要过长，头发一长就容易乱，容易脏。要按时理发，使自己的头发保持一个精神的式样。牙齿要经常刷，口中不要有异味。

松下幸之助早期的时候，很不注意自己的形象，头发乱糟糟的，衣服脏兮兮的，并且有许多皱褶，皮鞋也不亮，像一个邋遢的老头。有一次，松下幸之助去理发馆理发，当理发师得知他就是大名鼎鼎的松下公司总裁时，先是惊讶得不知该说什么，过了一会儿就严肃地对松下幸之助说：“您作为一个有名气的公司的老板，还这样不注意自己的外表，别人怎么说呢？从这一点可以看到贵公司的形象，有损于公司名气。”

松下幸之助听了，顿时悟出理发师话中的真谛。从此，他的衣服总是整整齐齐，皮鞋亮锃锃，头发梳得油光光的。外人与他打交道时，看到他整齐的装束与整洁的外貌，印象更加深了，也更加信任他了。

古代哲人穆格法说："良好的形象是美丽生活的代言人，是我们走向更高阶梯的扶手，是进入爱的神圣殿堂的敲门砖。"注重合作的客户认为，销售员的形象往往代表了其所属公司的产品服务质量和合作态度，因此他们十分在意对销售员的第一印象。

法兰克·贝格小时候父亲就过早去世。为了帮助母亲分担家计，他11岁就到街角卖报，14岁到电机行打工。29岁，他进入美国信实人寿保险公司推销保险。开始的十年，对他来说是最漫长、最沮丧的日子。推销保险的彻底失败，使他认为自己天生不是干销售员的料。

后来，保险公司的一位前辈批评他说："你看你，你的头发太长了，一点也不像个销售人员。你该理发了，每周都要去理一次，那样看上去才会有精神。你的领带也没有系好，衣服的颜色搭配得太不协调了，真该找个人好好请教一番了。"

法兰克·贝格辩解说："可是，我的生活已经很拮据了，怎么还有那么多的钱去打扮呢？"

"不，法兰克，你错了，我这是在帮你赚钱。你知道，你这样的形象会让你损失多少保单、失去多少业绩吗？你因此而失去的远远超过你用在改变形象上的钱。法兰克，你必须相信我，把自己的形象弄得好一点儿，我保证你的业绩会翻一番。"

法兰克·贝格觉得他讲得很有道理，便听从了他的建议，每周去理一次头发，并且他还专门去向别人请教如何打领带、如何搭配衣服。这些虽然花费了他许多钱，但是结果正如那位前辈所说的那样，他的投资马上就赚回来了。

在接下来的十二年，法兰克·贝格由惨败者一跃升为美国寿险推销冠军，成为全美国最成功、收入最高的销售员之一。

在任何人面前，我们只有一次机会建立第一印象。而这短暂的一瞬间，你的形象却已经深深地印在了别人的脑海里。所以，在你出门去见客户之前，请精心地打扮一下自己吧！千万不要因为你邋遢的形象而丢掉客户。

登门槛效应：先进门再提请求

美国社会心理学家弗里德曼在1966年曾做了这样一个有趣的实验：他让两位大学生访问郊区的一些家庭主妇。其中一位首先请求家庭主妇将一个小标签贴在窗户上或在一个关于美化加州或安全驾驶的请愿书上签名，这是一个小的、无害的要求。

两周后，另一位大学生再次访问家庭主妇，要求她们在今后的两周时间里在院内竖立一个呼吁安全驾驶的大招牌。该招牌很不美观，这是一个大要求。结果答应了第一项请求的人中有55%的人接受这项要求，而那些第一次没被访问的家庭主妇中只有17%的人接受了该要求。

这个实验说明什么呢？

在通常情况下，如果你一开口就向别人提出较高的要求，对方往往会加以拒绝。相反，人们往往愿意接受较小的、较易完成的要求，在实现了较小的要求后，人们才慢慢地接受较大的要求。这主要是由于人们在不断满足小要求的过程中已经逐渐适应，意识不到逐渐提高的要求已经大大偏离了自己的初衷。人们把这种现象称之为“登门槛效应”，又叫“得寸进尺定律”。它是一种非常有效的心理引导技巧。

一位母亲在三次家长会后，非常成功地运用了“登门槛效应”教育了自己的孩子。

第一次参加家长会，幼儿园的老师对她说：“你的孩子可能有多动症，在板凳上连三分钟也坐不了，你最好带他上医院去看看。”回家的路上，孩子问：“老师说了些什么？”她鼻子一酸，差点流下泪来。因为全班30位小朋友，唯有他表现最差；唯有对他，老师表现出不屑。然而她还是告诉她的儿子：“老师表扬你了，说宝宝原来在板凳上坐不了一分钟，现在能坐三分钟了。其他的妈妈都非常羡慕妈妈，因为全班只有宝宝进步了。”

那天晚上，她儿子破天荒吃了两碗米饭，并且没让她喂。

第二次，小学老师说：“这次数学考试，你儿子考了10分，我们怀疑他智力上有障碍。”回家的路上，她流了泪，然而回到家，她对儿子说：“老师对你很有信心，老师说你并不是一个坏孩子，只要能细心些，一定会赶上你的同桌。”

这时，她发现儿子暗淡的眼神一下子充满了光亮，沮丧的脸也舒展开来。第二天上学，儿子比平时去的都早。

第三次，初中老师告诉她：“按你儿子现在的成绩，考重点高中有点危险。”她怀着惊喜的心情走出校门，发现儿子在等她，她扶着儿子的肩膀，心里有一种说不出的甜蜜。她告诉儿子：“班主任对你非常满意，她说了，只要你努力，很有希望考上重点高中。”

高中毕业了。第一批大学录取通知书下达时，学校打电话让她儿子到学校去一趟。她有一种预感，她儿子被清华录取了，因为在报考时，她给儿子说过，她相信他能考取这所大学。

他儿子从学校回来，把一封印有清华大学招生办公室的特快专递交到她的手里，突然转身跑到自己的房间里大哭起来。边哭边说：“妈妈，我知道我不是个聪明的孩子，可是，这个世界上只有你能欣

赏我……”

不得不说，这个母亲很会用“登门槛效应”。“登门槛效应”对我们的启示很多，要求别人做某件事时，需要像登楼梯一样，一个台阶一个台阶地往上走，这样才能更顺利地登到高处。

很多销售员都用这种技巧来说服客户购买他的产品。通常情况下，销售员都不会向客户直接推销自己的产品，而是提出一个通常情况下客户能够或者乐意接受的小小要求，从而一步步地最终达成自己推销的目的。对于销售员来说，最困难的并不是推销商品本身，而是如何吸引客户迈过第一道“门槛”。当客户迈开第一步时，推销工作已经成功一半了。

一个乡下来的小伙子去应聘城里“世界最大”的“应有尽有”百货公司的销售员。

老板问他：“你以前做过销售员吗？”

他回答说：“我以前是村里挨家挨户推销的小贩子。”

老板喜欢他的机灵：“你明天可以来上班了。等下班的时候，我会来看一下。”

一天的光阴对这个乡下来的穷小子来说太长了，而且还有些难熬。但是年轻人还是熬到了5点，该下班了。

老板真的来了，问他说：“你今天做了几单买卖。”

“一单，”年轻人回答说。

“只有一单？”老板很吃惊地说：“我们这儿的售货员一天基本上可以完成20到30单生意呢。你卖了多少钱？”

“30万美元”年轻人回答道。

“你怎么卖到那么多钱的？”目瞪口呆，半晌才回过神来的老板问道。

“是这样的，”乡下来的年轻人说，“一个男士进来买东西，我先卖给他一个小号的鱼钩，然后是中号的鱼钩，最后是大号的鱼钩。接着，我卖给他小号的渔线，中号的渔线，最后是大号的渔线。我问他上哪儿钓鱼，他说海边。我建议他买条船，所以我带他到卖船的专柜，卖给他长20英尺有两个发动机的纵帆船。然后他说他的大众牌汽车可能拖不动这么大的船。我于是带他去汽车销售区，卖给他一辆丰田新款豪华型‘巡洋舰’。”

老板后退两步，几乎难以置信地问道：“一个顾客仅仅来买个鱼钩，你就能卖给他这么多东西？”

“不是的。”乡下来的年轻售货员回答道，“他是来给他妻子买卫生棉的。我就告诉他‘你的周末算是毁了，干吗不去钓鱼呢？’”

加拿大心理学家研究发现：如果直接提出要求，多伦多居民愿意为癌症学会捐款的比例为46%。而如果分两步提出要求，前一天先请人们佩戴一个宣传纪念章，第二天再请他们捐款，则愿意捐款的人数的百分比几乎增加一倍。

中国古书《菜根谭》中有这样一段话：“攻人之恶勿太严，要思其堪受；教人之善勿过高，当使其可从。”意思是：“责备别人的过错不可过于严厉，要顾及对方是否能承受；教诲别人行善不可期望太高，要顾及对方是否能做到。”西方一名伟大的销售员也说过类似的话：“如果在门槛边上就开始推销产品，推销多半会失败。而一旦进入到主人家里，再推销产品，推销成功率将大大提升。”这都是登门槛效应在起作用。

一个风雨交加的日子，一个饥寒交迫的乞丐敲开了琼斯太太的家门。琼斯太太打开门见是个乞丐，第一反应就是关上门。不过，乞丐及时说道：“太太，我不想要饭，我就想进去避避雨。”

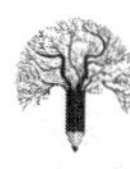

琼斯太太觉得这样拒绝别人太无理了，于是把乞丐让进家门，并给他搬了一把椅子，让他坐下。坐了一会儿，乞丐礼貌地对琼斯太太说：“尊敬的太太，我身上的衣服都湿透了，您能生堆火让我烤干衣服吗？”

琼斯太太心想，这个要求也合情合理，于是，她就帮乞丐生了一堆火。

烤干了衣服，乞丐从身上摸出两块石头，神秘地说：“我有一颗神奇的汤石，如果把它放到沸腾的锅里，就可以煮出一锅美味的汤来。”

琼斯太太感到很奇怪，她有点不相信，一块石头怎么会煮出味道鲜美的汤呢？于是，她把锅借给了乞丐，想看看他怎么变出一锅汤来。

水烧开后，这个乞丐很小心地把汤石放到滚烫的水中，然后用汤匙尝了一口，兴奋地说：“哇！太好喝了，这是我做过的汤里最鲜美的一次。如果再加点洋葱就好了。”琼斯太太拿了一堆洋葱，放到了锅里，然后乞丐开始搅拌。做完这一切他又尝了一口说：“太棒了，不过，我相信如果再放一些肉片，这锅汤就会成为最香的汤了。”琼斯太太听后，又给锅里加了点“微不足道”的羊肉。

就这样，一锅美味的肉汤出锅了。

通过以上故事我们可知，向客户提出请求时，应该由小到大、由浅及深、由轻而重，如果一开始就表露出自己的想法，一定会遭到对方的拒绝。应该拿捏好分寸，逐步提出要求，将一个大的要求分解为若干较小的要求，让对方一点点遭到你的“蚕食”，最后做出让步。

口碑效应：让客户自愿做你的“销售代表”

很多人都有这样的经历，如果你身边要好的朋友对你说“这个东西很好”时，你会很容易相信；但如果在街上有陌生人向你推销这个东西时，你往往会犹豫不决。

这就是口碑的力量。中国有句话：“一传十，十传百。”消息散播的速度往往比我们想象的要快得多。在信息化的今天，口碑是营销成功的诀窍。因为在一般情况下，口碑传播都发生在朋友、亲戚、同事、同学等关系较为密切的群体之间，可信度非常高。

良好的服务是赢得良好口碑的关键因素，因为口碑的形成需要一个过程，要说动客户，就必须让你的产品和服务使客户心服口服。如果你感觉自己已经尽力了，可口碑还是没有散播开来，那不是客户的问题，而是你的工作没有做到位。

毕业于哈佛商学院的托马斯·琼斯说：“多数销售员认为，只要让客户满意就够了，只要客户评分达到‘满意’这个级别，销售员就认为自己已经成功了。也就是说，客户从来没有达到‘十分满意’这个级别，你的服务也从来不是十全十美，这就是你的业绩停滞不前的原因。”

吉田美登子在1976年进入三井人寿保险公司京都分公司时，仅是

公司直属企业的一名普通的保险理财顾问。

进入三井人寿之初，吉田美登子所做的第一件事情，就是挨家挨户地去拜访客户，与他们建立并保持良好的业务关系。

一天，吉田美登子去车站搭车。等她匆匆忙忙赶到月台时，电车正好开走，而下一班车还得再等30分钟。吉田美登子突然看到月台对面有一块医院招牌，于是她大步来到这家医院。刚到门口，吉田登美子便凑巧撞上一位穿着白大褂的医生。吉田美登子一时头脑反应不过来，便劈头直说："我是三井人寿的吉田美登子，请您投保！"

碰到这样一位莽莽撞撞的销售员，医生哭笑不得。好在医生刚刚结束了一台手术，心情很好，便点点头说："这么简单就要人投保呀？有意思。进来聊聊吧！"

在那位医生的办公室里，吉田美登子使尽了浑身招数，希望医生投保。但医生却告诉她，自己早已买了好几份保险。可是吉田美登子的服务态度十分认真，医生不忍心让她过于失望，于是真诚地说："保险实在高深莫测。说实话，我已经买了五六份，每次都被保险销售员说得天花乱坠，可事后心里还是一塌糊涂。这里有我两张保单，就当是你学习，给你拿回去，评估评估好了。"

吉田美登子带着保险单分别拜访了这位医生投保的两家保险公司。在确认保单的内容之后，她制作了一本堪称"完美"的解说笔记，又用笔画下重点，好让医生容易了解。

医生拿到这本笔记后，就马上交给他的会计师看，会计师极力称赞吉田美登子的这份评估报告，而且建议以后若要买保险就找吉田美登子，因为她对于保险知识了解得十分透彻。于是，医生就正式要求吉田美登子为自己重新组合设计已有的那六张保单，以便以较少的投入收获更大的效益。

吉田美登子根据医生的实际情况，建议将医生买的死亡保险换成适合中老年人的养老保险与年寿保险。吉田美登子热情的服务打动了医生，最后医生不但为吉田美登子带来一份高额定期给付养老保险契约的业绩，同时也给了她一次难得的比较各家保险公司保险商品的机会。

后来，这位医生又将吉田美登子介绍给自己的同事。这几位同事也都请求吉田美登子为他们评估现有的保单。而她也不厌其烦地为他们制作解说笔记，详细记录何时解约会得到多少解约金、不准时缴费的结果、残废后的税赋问题等等。

吉田美登子通过客户的层层介绍，由一个医生团体介绍到另一个团体。就这么辗转引介，如滚雪球般，吉田美登子终于拥有了最高医师客户占有率的保险销售员头衔。

俗话说："金杯银杯，不如别人的口碑。"口碑是一个销售员成功的基石。如果你的客户愿意四处帮你说好话，那么你才算真正的成功了，因为他所说的每一句话，都来自于真正的分享，比你说100句话都管用。

一个产品能否持续受消费者青睐，靠的不是包装、宣传，而是它的口碑。一位金牌销售员曾说："销售员最好的广告就是口碑，口碑好一切都好。"一旦你的口碑在人们中流传开来，你的销售就已经成功了一半了。

在美国某州公路上急驰着一辆面包车。这个州发生了水灾，粮食紧张，面包脱销，到处缺货。汽车走到半路上，被饥饿的人们发现，车子被团团围住，人们抢着要买车上的面包。押货员感到十分为难，说怎么也不会把过期的面包卖给这些人。

这时，恰巧有记者跑来，探询发生的事情。

他们一听，觉得有趣，一方是急需购买面包，一方是押货员碍于公司规定，怎么也不卖车上过期的面包。

"不是我不肯卖，"押货员说，"我们老板规定太严格，他规

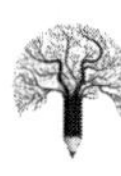

定不论在任何时候、任何情况下，也不许卖过期面包。如果有人明知故犯，把过期面包卖给了顾客，一律开除。我要是把过期面包卖给他们，我的饭碗就给砸了呀！”

他的话虽然能引起人们的同情，但怎么能止得住饥饿者们往外直冒的口水？

记者说：“先生，现在是非常时期，你就把这车面包卖了吧，总不能让这些饥饿者失望吧！”

押货员无奈，灵机一动，以神秘的表情，凑到记者面前说：“卖，我是说什么也不敢的，如果他们强行上车去拿，我就没责任了。”

“那岂不是抢劫吗？”记者说。

“他们把面包强行拿走，凭良心留下应交的几个钱，岂不就不是抢劫，而是强买吗？”

大家恍然大悟。片刻，一车面包就这样被强买光了。

几天后，这条消息便在报上详细披露出来了。这家面包公司的信誉不是下降，而是因此陡然上升了，消费者们都十分信赖这家公司的面包，销路剧增，不到半年，销售量增加了5倍多。

好事不出门，坏事传千里。口碑是最古老的的传播媒体，也是最省力的销售方法。让客户自愿做你的“销售代表”，在他的朋友们和同事们之间宣传你的产品，是一种非常高明的营销手段。

海尔公司曾流传着一个“乘飞机修冰箱”的故事。福州的一位用户给青岛总部打电话，希望海尔能在半月内派人来修好他家的冰箱。不料第二天维修人员就赶到他家，用户不敢相信，一问方知维修人员是连夜乘飞机赶到的。用户感动了，在维修单上写下了这样的话：“我要告诉所有的人，我买的是海尔冰箱。”“乘飞机修冰箱”，从利益的角度来看，有点得不偿失，但它带来的后续效益却是巨大的，它会为你赢得良好的口碑，继而带来越来越多的新客户。

权威效应：客户往往喜欢跟着名人走

美国心理学家们曾经做过一个实验：在给某大学心理学系的学生们讲课时，向学生介绍一位从外校请来的德语教师，说这位德语教师是从德国来的著名化学家。试验中这位“化学家”煞有其事拿出了一个装有蒸馏水的瓶子，说这是他新发现的一种化学物质，有些气味，请在座的学生闻到气味时就举手，结果多数学生都举起了手。对于本来没有气味的蒸馏水，为什么多数学生都认为有气味而举手呢？

这是因为有一种普遍存在的社会心理现象——“权威效应”。所谓“权威效应”，就是指说话的人如果地位高、有威信、受人敬重，则所说的话容易引起别人重视，并相信其正确性，即“人微言轻、人贵言重”。

“权威效应”的普遍存在，首先是由于人们有“安全心理”，即人们总认为权威人物往往是正确的楷模，服从他们会使自己具备安全感，增加不会出错的“保险系数”；其次是由于人们有“赞许心理”，即人们总认为权威人物的要求往往和社会规范相一致，按照权威人物的要求去做，会得到各方面的赞许和奖励。

有一个流传很广的故事，说的是一个农民的儿子如何成为世界银行的副总裁和洛克菲勒女婿。

在美国一个农村，住着一个老头，他有三个儿子。大儿子、二儿子都在城里工作，小儿子和他住在一起，父子俩相依为命。

突然有一天，一个人找到老头，对他说："尊敬的老人家，我想把你的小儿子带到城里去工作。"

老头气愤地说："不行，绝对不行！你滚出去吧！"

这个人说："如果我在城里给你儿子找个对象，可以吗？"

老头摇摇头："不行，快滚出去吧！"这个人又说："如果我给你儿子找的对象是洛克菲勒的女儿呢？"

老头又想了想，终于让儿子当上洛克菲勒女婿的这件事打动了。

过了几天，这个人找到了石油大王洛克菲勒，对他说："尊敬的洛克菲勒先生，我想给你的女儿找个对象。"

洛克菲勒说："快滚出去吧！"

这个人又说："如果我给你女儿找的对象是世界银行的副总裁呢？"

洛克菲勒同意了。

又过了几天，这个人找到了世界总裁，对他说："尊敬的总裁先生，你应该任命一个副总裁。"

总裁先生摇着头说："不可能，这么多副总裁，我为什么还要任命一个呢，而且还是马上？"

这个人说："如果你任命的这个副总裁是洛克菲勒的女婿，可以吗？"总裁先生当然同意了。

这就是"权威效应"在起作用。在现实生活中，人们利用"权威效应"的例子有很多：参加辩论会的时候，很多人会引用名人语录；出新产品后，很多商家都会聘请名人代言此产品，以达到增加销售量的目的。

郑文是某医疗器械公司的销售员。一天，他去拜访一名客户。对方是个心思极为缜密的人，所以郑文在向客户作商品介绍的时候，讲解得特别详细。

但是，不管郑文怎样解释，对方还是对产品的质量有很大的疑虑。于是，郑文又给对方提供了一份产品的市场调查报告，郑文很是自信，因为本公司的产品销量确实非常好，在市场上也有一定的名气。

此外，为了彻底打消对方的疑虑，郑文还出示了一份曾经使用过本产品的客户名单。对方盯着名单看了半天，忽然眼睛亮了起来："王宇，这是那个著名歌唱家王宇吗？""是的！"郑文笑着说。"连他也买你们的产品！那我还有什么好怀疑的？"对方终于消除了疑虑，很放心地购买了他的产品。

"权威效应"的推销原理是利用人们的慕名心理，在商品销售过程中，利用名人效应，选择大明星、歌星形象做广告，效果就很好。因此，销售员在销售产品的过程中，如果能够巧妙地应用权威的引导力，则能够对销售起到很大的作用。

2008年11月4日，奥巴马当选为第56届美国总统。他当上总统后，曾经深情地表示，他非常喜欢位于芝加哥海德公园的老房子，等任期满了之后，他还会带着家人回去居住的。这个消息可让奥巴马的老邻居比尔高兴坏了。

能和美国总统做邻居，这是多少人梦寐以求的事啊！因此，比尔决定将自己的房子马上出售。比尔的这栋房子拥有17个房间，近600平方米，非常实用舒适。更重要的是，奥巴马曾经多次来此做客，还在他家的壁炉前拍过一个竞选广告。比尔相信，有了这些卖点，他的房子一定能卖出300万美元以上的高价。

但让比尔大跌眼镜的是，关注房子的人虽多，却没有一个人愿意购买。原来，大家担心买了他的房子之后，就会生活在严密的监控之

下。奥巴马和妻女虽然都去了白宫，但这里依然有多名特工在保护奥巴马的其他家人，附近的公共场合也都被密集的摄像头所覆盖。只要出了家门，隐私权就很难得到保护。更要命的是，等奥巴马届满回来之后，各路记者肯定会蜂拥而至。那时，邻居们的生活必将受到更严重的干扰。

就这样，过了1年多，房子依然没卖出去，比尔非常心焦。正在这时，一个叫丹尼尔的年轻人找到了他，说想买房子。

终于有买主了，这让比尔很激动。但问题是，丹尼尔付不起太多的钱。最后两人协商，丹尼尔首付30万美元，然后每月再付30万，5个月内共付清140万美元。比尔很高兴，20多年前他买下此房时，只花了几万美元，因此还是赚了。

随后，丹尼尔将房子抵押给银行，贷了一笔款，半个多月后将这栋豪宅改造成了幼儿园。这一下，那些过于严密的监控就显得很有必要。这个毗邻奥巴马老宅的幼儿园，成了全美最安全的幼儿园。不少富豪都愿意把孩子送到这里来。为了给幼儿园做推广，丹尼尔还联系到了不少名人来给园里的孩子们上课。这些名人中有不少是黑人明星，他们为奥巴马感到骄傲，也为能给奥巴马隔壁的幼儿园讲课而激动，再加上这里是记者们时刻关注的地方，来这里自然能增加曝光率，因此名人们都很乐意接受丹尼尔的邀请。

第一个月，丹尼尔用收到的首期学费轻松地支付了比尔30万。幼儿园开张两个月后，奥巴马抽空回老家转了一圈，顺便看望了一下他的新邻居们，这一下，丹尼尔幼儿园更加有名。越来越多的名人主动表示愿意无偿来与孩子们交流。更有很多家长打电话，想让自己的孩子来此受教育，为此多付几倍的学费他们也乐意。

幼儿园超高的曝光率，也使得很多广告商开始争先恐后地联系丹尼尔，想在幼儿园的外墙上做广告。想来参加竞标的品牌很多，但像烟、零食、酒这样的广告，无论出多少钱，丹尼尔都不允许他们参加

竞标。

5个月后，比尔就收齐了140万美元的房款，终于在2010年年末如愿以偿地成了百万富翁。

平凡的人与物，一旦经权威认定，就会瞬间变得身价百倍，这就是“权威效应”产生的影响。想想看，如果你办公桌前有一张你和比尔·盖茨或是李嘉诚的合影，会是什么情形？

稀缺效应：人人都喜欢当VIP

俗话说："物以稀为贵。"即越是稀缺的东西，其价值便越高。在现实生活中，很多人喜欢收藏一些古玩、字画。这些古董之所以价值连城，并不是因为它们本身具有如此高的价值，而是因为它们稀少、罕见。因此，当一样东西开始变得越来越少时，它就会变得更有价值。

在消费心理学中，人们把"物以稀为贵"而引起的购买行为提高的变化现象，称之为"稀缺效应"。在销售商品时，很多商家都喜欢用"清仓大甩卖"、"最后一天"来引诱客户，使客户提高购买行为。因为这次不买下次再也没有这样难得的机会了。

王立华是百货公司的副经理。一天，他看到售货员和一位顾客在谈论一款冰箱，便走过去说道："这款冰箱很好，不是吗？"

"我看并不见得很好。"那位妇女摇摇头回答。

"怎么，你认为这款冰箱不好，是吗？这款冰箱是由全国一流的工程师联合研制成功的，不管从外观、容量和结构，还是从性能和效果方面来看，都是很好的。可是你认为这冰箱有哪些地方不协调呢？"

“这几点倒还可以，只是不应该把那个圆圆的东西装在顶上，那有多难看啊！”

“这你就不懂了，正是顶上那个圆盖子，才使它看上去与众不同。现在市面上的那些冰箱，都是方方正正的，太死板。说不定你买了这款冰箱回去，邻家的太太见了一定羡慕不已，说你买了一台好冰箱呢！如果你买一台那种普通的冰箱回去，邻居见了，也不觉得怎么新奇，也许看一下就忘掉了，不是吗？”

王立华说完就告辞离开了。这位妇女越想越觉得很有道理，于是便爽快地买了那款冰箱。

人是贪婪的动物，因为我们总是有无穷无尽的欲望，总是希望自己拥有别人不曾拥有的东西。所以，一些商家在销售商品时，不搞铺天盖地，而是讲求适量，甚至限量销售，总会给市场留点“空”，给客户留点“饥饿感”。这样一来，不仅能满足客户追求个性化的消费心理，刺激购买欲望，还能使商家的产品一直保持旺销的势头。

传说，古代有一位君王，不但吃尽了人间的山珍海味，而且从来都不知道什么叫饿。因此，他变得越来越没有胃口，每天都很郁闷。

有一天，御厨提议说，有一种天下至为美味的食物，它的名字叫“饿”，但无法轻易得到，非付出艰辛的努力不可。君王当即决定与他的御厨微服出宫，寻此美味。

君臣二人跋山涉水找了一整天，于月黑风高之夜，饥寒交迫地来到一处荒郊野岭。此刻，御厨不失时机地把事先藏在树洞之中的一个馒头呈上：“功夫不负有心人，终于找到了，这就是叫作‘饿’的那种食物。”已饿得死去活来的君王大喜过望，二话没说，当即把这个又硬又冷的粗面馒头狼吞虎咽地吃下去，并且将其封为“天下第一美味”。

我们常常会说这样一句话："拥有的时候不懂得珍惜，失去后才发现它的珍贵。"不管是对自己喜欢的东西，还是对自己来说重要的人，这种感觉恐怕人人都会有。故事中的君王之所以觉得馒头是"天下第一美味"，并不是因为馒头的味道真的有多好，而是他们已经饥不择食了，任何事物对他们来说都如同山珍海味一般。

为什么一张印刷模糊的邮票会价值连城？一个小小的玉器为什么能拍得天价？为什么在日常生活中石油比水贵重万倍，而在沙漠中水又比石油重要万倍？原因很简单，就是因为他们稀缺，或者说具备某种意义上的不可替代性。

西方有一句谚语："Less is More"，意思是"少就是多"。那些限量版的产品，往往能引来更多人的关注。

曼拉是某百货公司一名非常出色的销售员，她在向客户推销产品的时候，总是能够巧妙地运用"稀缺效应"来促使客户尽快做出决定。即使面对的客户不同，推销的产品各异，她也总能取得不错的业绩。

曼拉总是跟客户这样说："先生，这种引擎的敞篷车在本地不超过10辆，而且厂里面已经不再生产了，错过了这次机会，恐怕再也买不到了。""这种家具就剩最后两套了，而另一套您是不会选择的，因为它的颜色不适合您，所以这套家具非您莫属。""您也许应该考虑一下多买一些，最近这种商品十分畅销，工厂里面已经积压了一大批订单，我不敢保证您下次再来的时候还有货。"……

这种推销方法无疑是十分有效的，客户为了不至于将来后悔，总是会快速地做出选择。

从经济学的角度看，"稀缺效应"能创造价值，让产品产生巨大的溢价；从心理学的角度看，"稀缺效应"给人带来心理上的满足、带来虚荣、带来疯狂。

鲁迅先生在《在仙台》中写道："大概是物以稀为贵罢。北京的白菜运往浙江，便用红头绳系住菜根，倒挂在水果店头，尊为'胶菜'；福建野生着的芦荟，一到北京就请进温室，且美其名曰'龙舌兰'。"当某种产品越少时，它的价值就会越发地凸显出来，这是亘古未变的真理。

所以，在销售工作中，销售员不妨适时地利用一下"稀缺效应"，给客户的心理上增加一定的压力，让客户产生"现在不买，以后就没有了"的想法，促使对方尽快做出购买决定。

面子效应：你给客户留面子，客户才会给你签单子

常言道：其他皆可丢，唯面子不可丢。中国人对面子的追求是出了名的，“爱面子”也成了中国人典型的文化性格。所谓“人为一口气，佛为一炷香”，在很大程度上成为这些死要面子的人安身立命的心理动因。

冯小刚的贺岁片《大腕》中有这样一段经典台词：

一定得选最好的黄金地段，雇法国设计师！建就得建最高档次的公寓，电梯直接入户，户型最小也得四百平方米。什么宽带呀，光缆呀，卫星呀，能给他接的全给他接上。

楼上边有花园儿，楼里边有游泳池，楼子里站一个英国管家，戴假发，特绅士的那种。业主一进门儿，甭管有事儿没事儿都得跟人家说：May I help you, Sir？一口地道的英国伦敦腔儿，倍儿有面子！

社区里再建一所贵族学校，教材用哈佛的。一年光学费就得几万美金。

再建一所美国诊所儿，二十四小时候诊，就是一个字儿——贵！看感冒就得花个万八千的。

周围的邻居不是开宝马就是开奔驰，你要是开一日本车呀，你都不好意思跟人家打招呼！

你说这样的公寓，一平方米你得卖多少钱？两千美金那是成本，四千美金起，你别嫌贵，还不打折。你得研究业主的购物心理，愿意掏两千美金买房的业主，根本不在乎再多掏两千。

什么叫成功人士你知道吗？成功人士就是：买什么东西都买最贵的，不买最好的。所以，我们做房地产的口号就是：不求最好，但求最贵！

其实，不管是中国人还是外国人，都有“爱面子”的情节。面子代表了一个人的脸面，事关一个人的自尊。很多人判断别人对他好与不好的底线之一，就是是否“给面子”。作为一名销售员，要想提高自己的销售业绩，就要充分照顾客户的面子。

从心理学的角度分析，每个人都希望被别人尊重、恭维。所以，从见到客户的那一刻起，销售员就应该充分尊重对方，竭尽全力为他提供一切服务。不管你对客户有什么个人看法，都不能在言行举止中显露出来。这样，客户才会从心底接受你所提供的产品。

克洛里是纽约泰勒木材公司的销售员。他承认，多少年来，他总是明白指出那些脾气大的木材检验人员的错误。他也赢得了辩论，可是一点好处也没有，“因为那些检验员顽固得就像裁判一样，一旦裁决下去，绝不肯更改。”

有一天下午，克洛里到公司，电话铃就响了。克洛里拿起听筒，对方传来一个焦躁愤怒的声音，抱怨他们运去的一车木材大部分不合格。那车木材卸下四分之一以后，木材检验员报告，有55%不合规格，决定拒绝收货。

克洛里马上乘车到对方工厂去，他基本上能猜到问题的所在。在

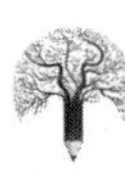

路上，他想，用什么办法可以说服那位木材检验员呢？

到了工厂，供应科长板着面孔，木材检验员满脸愠色，只等克洛里开口，就好吵架。

克洛里见到他们，笑了笑，根本不提木材质量问题，只是说："让我们去看看吧。"

克洛里跟着他们走到货车旁边，然后请他们继续卸货，请检验员把不合格的木材一一挑选出来，摆在一边。

克洛里看检验员挑选了一会儿，发现他的猜测没有错，检验员检验得太严格了，而且他把检验杂木的标准用于检验白松。

克洛里并没有马上提出异议，而是轻言细语地询问检验员木材不合格的理由。克洛里一点也没有暗示他检验错了，只是反复强调是向他请教，希望今后送货时，能完全满足他们工厂的质量要求。

由于克洛里和颜悦色，以一种非常友好合作的态度虚心求教，检验员慢慢高兴起来，双方剑拔弩张的气氛缓和了。

这时候，克洛里小心提醒几句，让检验员自己觉得，他挑选出来的木材可能是合格的，而且，让检验员自己了解，按照合同价格，只能供应这种等级的木材。

渐渐地，检验员的整个态度改变了。他坦率地承认，他对检验白松的经验不多，并反过来问克洛里一些技术问题。克洛里这时才谦虚地解释，运来的白松木材为什么全部都符合要求。克洛里一边解释，一边反复强调，只要检验员仍然认为不合格，还是可以调换的。

检验员终于醒悟了，每挑选一块原来他认为不合格的木材，就有一种"罪恶感"。最后，他自己指出，他们把木材等级搞错了，按合同要求，这批木材全部合格。克洛里收到了一张全额支票。

克洛里能够使这桩生意起死回生，正是由于他保住了客户的面子，给予了客户最大程度上的尊重。在现实生活中，有些人明明知道自己错了，却死不认错，就是由于“面子”心理在作怪。

人们对面子有一种本能的保护反应，对于伤害自己面子的人有一种本能的敌意，对于维护自己面子的人有一种本能的好感。所以，在销售工作中，顾全客户的面子是极其重要的。

一位中年妇女在某商场里买了一条金项链，哪知只戴了一个星期便灰蒙蒙的。一气之下，她跑到商城要求退货，并大声地斥责销售员：“你们居然卖劣质首饰，太坑人了！”

销售员看到这一幕后，并没有与她争辩，而是先把那条金项链拿来自己看了看，然后和颜悦色地问：“请问您在哪儿工作？”

“我在化学试剂厂工作！”客户余怒未消。

“那请问您在上班时戴着这条项链吗？”销售员问。

“是啊！”

销售员笑着说：“这就对了！您以后上班时最好不要戴金项链，金器容易受到化学试剂的腐蚀。”她一边说，一边点燃酒精灯慢慢烘烤那条项链。过了一会儿，项链就恢复原状了。

客户显得非常不好意思，道歉道：“对不起，刚才是我太性急，错怪你了。”

销售员并没有抓住这点不放，而是微笑着说：“这也怪我们的工作没有做到位，如果我们将金项链的保养方式告诉您，就不会出这样的问题了。”

一句话就把客户从尴尬中解脱了出来，她高高兴兴地拿着项链离开了。

此后，这位客户便成了这家商场的“口碑”，逢人便说商场的服务如何如何棒，产品如何如何好，还把很多朋友都领到这儿来买东西。

爱面子本是人的一种天性，因为人生下来就有一定的虚荣心。《现代汉语词典》对于“虚荣”一词的解释是：表面上的光彩。因此，一旦你满足了别人的虚荣心，对方就会对你另眼相看。在工作中，销售员一定要懂得“以圆补方”的道理，任何时候都要保住客户的面子，让客户有尊严可守，这样，你的销售工作才能得以顺利进行。

第七章

金牌销售的5大法宝

当代世界最富权威的推销专家戈德曼博士说："把一个不合适的人放到销售岗位上，一开始你就失败了。"由此可见，并不是所有的人都适合做销售。

销售工作不同于其他工作，若要在销售工作中取得成功，并成为一名金牌销售员，必须具备多方面的素质。销售员只有以情人的眼、诗人的心、侠客的剑、英雄的胆、军人的意志去对待自己的工作和客户，才能打开销售的成功之门。

情人的眼：把客人当成“情人”去经营

美国一位著名的销售员说：“销售的98%是对人的理解，2%是对产品知识的掌握。”可见，了解自己的销售对象远比装一肚子产品知识要重要得多。

21世纪是个竞争越发激烈的时代，新产品层出不穷，广告五花八门，倘若销售员还以过去那种老观念看待营销，必然会被时代所抛弃。所以，销售员必须要打破常规，以一种全新的销售理念为客户服务。于是，“客户就是情人”这种经营理念便应运而生了。

人都是感情的动物，而感情是销售的基础，“客户就是情人”是“以客户为中心”的产物，这种经营理念要求销售员站在客户的立场上，为客户着想，让客户觉得自己很重要，这才是决定销售能否成功的重要因素。

理查德·露西于1971年进入“伊莱克斯”公司，11年后他成为该公司的推销高手，在15万名销售员中脱颖而出。理查德于1985～1988年获得4次该公司的销售冠军。在他18年的推销生涯中，他为“伊莱克斯”积累了逾35万名客户。他的成功，归功于他对客户无微不至的服务。

理查德在一次拜访中，遇到了一位家庭主妇珍，她已经拥有了吸尘器、打光机、节能灯共3部“伊莱克斯”的电器。她对理查德抱怨说：“你们公司的销售员自从把电器卖给我后就再也没有来过。”

尽管这些商品不是理查德推销给她的，但出于职业习惯，他还是说：“让我看看你的机器吧。”

珍拿出吸尘器，告诉他已经不能用了。理查德打开工具箱，把吸尘器的管嘴打开，进行了仔细的清理，最后在机器上贴上了标签，上面写上他自己的姓名和联系方式，然后对珍说：“如果有什么问题或需要购买商品，请随时给我打电话。”珍听了非常感动，从来没有一个销售员像理查德这样服务周到。

接着，理查德对珍说：“既然到了您这里，就让我来给您展示一下我们公司最新的地毯清洁剂和新的吸尘器吧。”珍没有拒绝，她认真地听他讲解每一个新产品的特性。

最后，珍对他说：“太棒了，我很喜欢这个新产品，我可以用旧的换新的吗？”理查德以折价贴换的方式卖给她两部机器。出于谢意，珍将邻居和亲友的联系方式告诉了理查德，结果他们都向理查德买了机器。6个月之内，理查德就因为珍的介绍卖出了大小总共300件商品。

理查德在总结自己的成功经验时说：“应当对每一位顾客都尽心尽责，与他成为朋友。因为每一位顾客都有许多亲朋好友。失去一位顾客就会相应失去几十乃至几百位顾客。人们会用自己的切身感受去影响周围的亲友。如果在推销时记住这一原则，就一定能不断扩大自己的业绩。”

其实，对于客户来说，他们需要的不仅仅是你的产品，还有你的关心与重视，产品是许多人都能提供的，但关心和重视却并非如此。所以，越是热心肠、有人情味的销售员，越会受到客户的欢迎。

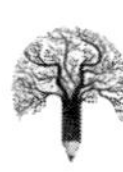

乔·吉拉德在雪弗莱轿车经销店15年的职业生涯中，一共售出了13001辆汽车，被称为世界上最伟大的销售员。他创造了一个巧妙的销售法，被世人广为传颂。

乔·吉拉德认为，自己所认识的所有人都是潜在的客户，对于这些潜在的客户，他每年要给他们寄去12封信函，传送他的一份关爱。而且每一次均以不同的设计、色彩和形式投递，信封上也不会出现与他的行业相关的名称。据统计，他每月要寄出1.5万封这种信函。

1月份，他的信函是一幅精美的喜庆图案，同时配以“恭贺新禧”几个大字，下面是一个简单的署名：“雪弗莱轿车，乔·吉拉德上。”此外，再无多余的话。即使在大拍卖期间，他也绝口不提买卖。

2月份，信函上写的是：“请您享受快乐的情人节。”下面仍是简短的签名。

3月份，信函的内容是：“祝您圣巴特利库节快乐！”圣巴特利库节是爱尔兰人的节日。也许你是波兰人，或是捷克人，但这无关紧要，关键的是他不忘向你表示祝愿。

然后是4月、5月、6月……

虽然只是几张印刷品，但它们所起的作用可不小。不少客户一到节日，往往会问自己的家人：“过节有没有人来信？”

“乔·吉拉德又寄来一张卡片！”

这样一来，乔·吉拉德的名字一年当中就有12次机会在愉悦的气氛里走进成千上万的家庭。

乔·吉拉德没说一句：“请您买我的汽车吧！”但这种“不说之语”，不讲推销的推销，反而给人们留下了最深刻、最美好的印象，等到他们打算买汽车的时候，往往第一个想到的就是乔·吉拉德。即使第二次购车，还是会去找他。

有一次，一位中年妇女走进乔·吉拉德的展销室，说想在这儿看看车，打发一下时间。闲谈中，她告诉乔·吉拉德她想买一辆白色的福特车，就像她表姐开的那辆一样，但对面福特车行的销售员让她一小时后再去，所以她就先来这儿看看。

“夫人，欢迎您来看我的车。”乔·吉拉德微笑着说。

妇女兴奋地告诉他：“今天是我55岁的生日，想买一辆白色的福特车送给自己作为生日的礼物。”

“夫人，祝您生日快乐！”乔·吉拉德热情地祝贺道。随后，他轻声地向身边的助手交代了几句。

乔·吉拉德领着夫人从一辆辆新车前面慢慢走过，边看边介绍。在来到一辆雪佛莱车前时，他说：“夫人，您对白色情有独钟，瞧这辆双门式轿车，也是白色的。”就在这时，助手走了进来，把一束玫瑰花交给了乔·吉拉德。乔·吉拉德把这束漂亮的花送给了那位妇女，再次对她的生日表示祝贺：“祝您长寿，尊敬的夫人。”

那位夫人感动得热泪盈眶，非常激动地说：“先生，太感谢您了！已经很久没有人给我送过礼物了。刚才那位福特车的销售员看到我开着一辆旧车，一定以为我买不起新车，所以在我提出要看一看车时，他就推辞说需要出去收一笔钱，我只好上您这儿来等他。现在想一想，也不一定非要买福特车不可。”

最后，她在乔·吉拉德这儿买走了一辆雪佛莱车，并签了张全额支票，其实从头到尾，乔·吉拉德的言语中都没有劝她放弃福特而买雪佛莱的词句。只是因为她在这里感受到重视和真情，于是放弃了原来的打算，转而选择了乔·吉拉德的产品。

每个人在内心都渴望被人尊重、被人关怀、被人呵护、被人重视。一个懂得呵护别人、关怀别人的销售员一定是一位优秀的销售员。你在照顾别人利益的同时，往往也实现了自身利益的最大化。一个充满爱意的温馨世界能支撑起人类生命的发展和延续。

如果我们能够始终秉承“客户就是情人”这一伟大的理念，对

所有的客户都表达出对他们的关心和体贴，那么我们的工作将会顺利得多。因为，只要你为客户提供了超值服务，那客户的眼里就会只有你了。

诗人的心：顺境时淡然处之，逆境时坦然处之

两家鞋业制造公司分别派出了一个销售员去开拓市场，一个叫杰克逊，一个叫约翰。

在同一天，他们两个人来到了南太平洋的一个岛国，到达当日，他们就发现当地人全都赤足，不穿鞋！从国王到贫民、从僧侣到贵妇，竟然无人穿鞋子。

当晚，杰克逊向国内总部老板拍了一封电报："上帝呀，这里的人从不穿鞋子，有谁还会买鞋子？我明天就回去。"

约翰也向国内公司总部拍了一封电报："太好了！这里的人都不穿鞋，每人买我一双鞋子我就发财了！"于是，他把大量的鞋子运到那里，到处去推销，给人们讲解穿鞋子的好处，讲穿鞋养生之道。

几年之后，约翰发了大财，腰缠万贯，过上了优裕的生活；而杰克逊还在到处为推销不了鞋子而愁眉不展，直到在贫穷病困中死去。

两名销售员面对同样的机遇，却因为对机遇的认识不同，抓住机遇的方式不同，对待机遇的心态不同，采取的策略和行动不同，得到的结果就截然不同。约翰在机遇中看到了希望，并在希望的驱使下坚持了下去，从而获得了成功；而杰克逊则在机遇中看到了绝望，绝望

的情绪让他丧失了奋斗的勇气，所以只好惨败而归。

人的心态总是随着环境、所遇之事的不断变化而变化。总的说来心态分为积极健康的和消极不健康的两种。那么积极健康的心态和消极不健康的心态分别包括哪些呢?

积极健康的心态包括：希望、好奇心、追求、信心、决心、恒心、努力、自尊、自爱、自制、自省、理解、同情、忍让、宽容、满足、安心、无畏、镇定、制怒、忍耐、警惕、有备无患、快乐、乐观等。

消极不健康的心态包括：绝望、野心、忧虑、忧愁、忧伤、痛苦、苦闷、无奈、后悔、忏悔、虚荣、耻辱、厌恶、残酷、自卑、胆怯、羞愧、恐惧、怀疑、猜忌、惊疑、犹豫等。

人，只有在积极健康的心态下才能有正确的思考和正确的行为。所以，心态就是竞争力，保持一个积极的、豁达的心态，你就能在竞争激烈的社会中脱颖而出。

狄更斯曾经说过："一个健全的心态比100种智慧都有力量。"作为一名销售员，你拥有什么样的心态，就会取得什么样的业绩。在销售中，被拒绝是一件非常平常的事，要正确看待它。如果你因此而变得不自信和悲观，就会造成恶性循环。相反，如果你拥有积极的心态，那么，缠绕你的问题就会迎刃而解。

一对从农村来城里打工的姐妹，几经周折才被一家礼品公司招聘为销售员。她们每月只有60美元的底薪，其他生活费用全靠推销礼品的提成，但姐妹俩对这份来之不易的差事十分看重，工作特别卖力。

她们没有固定的客户，也没任何关系，她们只能每天提着沉重的钟表、影集、茶杯、台灯、电话机、文具及各种工艺品的样品，沿着城市的大街小巷找企业，上学校，去政府机关，不厌其烦地一次次登门推销。5个多月过去了，她们跑断了腿，磨破了嘴，仍然到处碰壁，连一个钥匙链也没有推销出去。最初半年里，她们没拿过一分钱的提成，少得可怜的保底工资只够廉价的租房和简单的生活花费。无数次的失望消磨掉了妹妹最后的耐心，妹妹向姐姐提出两个人一起辞职，另谋高就。姐姐说，万事开头难，再坚持一阵子，兴许下一次就会有收获。

妹妹不相信下一次会有收获，只相信下一次可能有一个好工作，便不顾姐姐的劝说，毅然告别了那家公司。第二天，姐妹俩一同出门，妹妹按照招聘广告的指引到处找工作，姐姐依然提着样品四处寻找客户。那天晚上，两人回到出租屋时却是两种心境。一个神情沮丧，一个满脸喜悦，因为妹妹求职无功而返，姐姐的坚定却换来了回报，她终于拿到了第一个订单：这天，当她第四次登门找一家跨国公司时，她总算赶上了一个绝妙的机遇。这家公司要召开一个大型会议，向她订购了250套精美的工艺品作为与会代表的纪念品，总价值20多万元，她也因此拿到了2万元的提成，淘到了打工的第一桶“金”。从此，姐姐的业绩不断攀升，订单一个接一个地来。

6年过去了，姐姐不仅拥有了汽车，还拥有了100多平方米的住房和自己的礼品公司。而妹妹的工作却走马灯似的换着，至今仍一事无成，连吃饭穿衣也得靠姐姐资助。

妹妹向姐姐请教成功真谛。姐姐说：“其实，我成功的全部秘诀就在于我比你只多了一次努力。”

乔·吉拉德说：“当客户拒绝我七次后，我才有点相信客户可能不会买，但是我还要再试三次，我每个客户至少试十次。”这就是世界销售冠军与一般销售人员的区别。销售员在面对挫折和失败时，一定要有百折不挠的勇气，要知道，所有的失败都是在为你以后的成功做准备。

心态决定命运，心态不同，生活就会不同。悲观的人总是会看到

生活中灰暗的一面，而乐观的人总是会看到光明的一面。一个人如果积极、乐观地面对人生，乐观地接受挑战和应付麻烦事，那他就成功了一半。

强恩是一家保健品公司的销售员，他的心情总是很好。当有人问他近况如何时，他回答："我快乐无比。"如果哪位同事心情不好，他就会告诉对方怎么去看事物好的一面。他说："每天早上，我一醒来就对自己说，强恩，你今天有两种选择，你可以选择心情愉快，也可以选择心情不好，我选择心情愉快。每次有坏事情发生，我可以选择成为一个受害者，也可以选择从中学些东西，我选择后者。人生就是选择，你选择如何去面对各种处境。归根结底，你自己选择如何面对人生。"

有一天，在下班的路上被三个持枪的歹徒拦住了。歹徒朝他开了枪。

幸运的是事情发现较早，强恩被送进了急诊室。经过18个小时的抢救和几个星期的精心治疗，强恩出院了，只是仍有小部分弹片留在他体内。

6个月后，他的一位朋友见到了他。朋友问他近况如何，他说："我快乐无比。想不想看看我的伤疤？"朋友看了伤疤，然后问当时他想了些什么。强恩答道："当我躺在地上时，我对自己说有两个选择：一是死，一是活。我选择了活。医护人员都很好，他们告诉我，我会好的。但在他们把我推进急诊室后，我从他们的眼神中读到了'他是个死人'。我知道我需要采取一些行动。"

"你采取了什么行动？"朋友问。

强恩说："有个护士大声问我有没有对什么东西过敏。我马上答'有的'。这时，所有的医生、护士都停下来等我说下去。我深深吸了一口气，然后大声吼道：'子弹！'在一片大笑声中，我又说道：

‘请把我当活人来医，而不是死人。’”

后来的结果就不用说了，强恩活了下来，而且活得更加精彩，更加快乐。

拿破仑·希尔曾经说过，“人与人之间没有太多区别，只有积极的心态与消极的心态这一细微的区别，但正是这一点点区别决定了二十年后两个人生活的巨大差异。”成功包含许多的因素：勤奋、智慧、恒心、坚强等，而这一切的因素只有在好的态度下才会更有用。

一个成功的销售员最重要的品质是保持积极、乐观、坦然的心态，只有在这种心态的支持下，你才能够不断突破自我，才能在竞争中取胜，成长为一名出类拔萃的销售能手。

侠客的剑：做事雷厉风行，不拖泥带水

销售活动就像一场马拉松比赛，每一名参与者都希望最先到达终点，都渴望成为最后的赢家，而赢家却只有一个。对于很多销售员来说，他们最缺乏的就是快速行动。如果一个销售员只有积极的心态，而没有积极的行动，那么这种积极的心态也就仅仅是一个心态而已，并不会产生任何的结果。

俗话说："行百里者半九十。"迈出第一步是很重要的，但更重要的是迈出第一步之前就下定决心，用积极的行动去实现你的梦想和计划。

海尔公司的张瑞敏有一次问他的员工："怎样才能让石头在水面上浮起来？"有人答："把石头挖空。"有人答："给石头绑上木块。"……对这些回答，张瑞敏摇了摇头。有一个人回答："用很快的速度掷出去——打水漂可以让石头浮起来。"张瑞敏深表赞同地点点头。张瑞敏想通过这个提问让海尔的员工明白：排除犹豫、快速行动才是制胜的关键。

曾经有一位成功者，很多人都问过他："你这么的成功，曾经遇到过困难吗？"

"当然遇到过！"他回答。

"当你遇到困难的时候，是如何处理的呢？"

"立即行动！"他说。

"当你遇到经济上或者其他方面的重要压力的时候呢？"

"立即行动！"他说。

"在婚姻、感情上遇到挫折或沟通不良的时候呢？"

"立即行动！"他说。

"你在人生过程中遇到困难都这么处理吗？"

"立即行动！"他给人们的答案只有这一个。

立刻行动是一种习惯，立刻行动是一种做事的态度，立刻行动也是每一个成功者共有的特质。你有一个好的策略，又及时采取行动，不一定能带来令人满意的结果，但不采取行动就绝无满意的结果可言。

《英国十大首富成功秘诀》曾这样分析当代英国顶尖成功人士，该书指出："如果将他们的成功归因于深思熟虑的能力和高瞻远瞩的思想，那就失之片面了。他们真正的才能在于他们审时度势然后付诸行动的速度。这才是他们最了不起的，这才是使他们出类拔萃、居于实业界最高职位的原因。什么事一旦决定马上就付诸实施是他们的共同本质，'现在就干，马上行动'是他们的口头禅。"

"明日复明日，明日何其多，我生待明日，万事成蹉跎。朝看水东流，暮看日西坠。百年明日能几何，请君听我《明日歌》。"一首《明日歌》道透了人生的哲理：昨天已是逝去的东流水，明天是不可知的未来，只有把握住现在，才有可能成功。

犹太人被认为是"世界上最会赚钱的民族"，他们内部流传着这样一句谚语："人的一生中，有三样东西不能使用过多，做面包的酵母、盐和犹豫。"对于最有经商头脑的犹太人来说，酵母放多了，面

包就会发酸；盐放多了，菜就会很难吃；而做事总是犹豫不决、顾虑重重，就会失去很多机会。

苏妲·莎是全球著名软件公司SAP的王牌销售人员，自2000年以来，她每年都为公司带来4000万美元以上的收入。毫无疑问，这是个令人叹服的数字。

对于销售人员来说，将会面对无数的拒绝和挫折。面对于像苏妲·莎这样的王牌销售人员，则意味着她经历的挫折比普通人更不知要多多少倍。

2000年，苏妲想要半导体制造商AMD公司购买他们的软件，她和负责技术采购的首席信息官弗雷德·马普联系，可是，在一个多月的时间里，马普没有回过她一次电话。苏妲不停地给他打电话，最后，马普终于不耐烦了，通过下属明确告诉苏妲："死心吧，不要再打电话过来了。"

苏妲只好另想办法。她调动起自己的所有资源和关系网，看看能找到什么突破口。最后，她发现，AMD的德国分部曾经购买过SAP的产品。抱着一线希望，苏妲联系到在德国负责这笔生意的销售代表，恳请他帮忙。在苏妲的努力下，这位德国同事找到了AMD在德国的联系人，请他去美国出差时和苏妲见上一面。这次会见，苏妲使出了浑身解数，终于促成了她和马普手下一位IT经理的面谈，这位经理随后将苏妲介绍给了马普。

能够将客户的门敲开，只是在成交过程中艰难的第一步。征服客户，使客户愿意掏钱购买，是更为关键的一步。苏妲在和马普见面后，认真地聆听了马普对新软件的要求，并向公司作了详细的汇报，和公司的研发部门进行了充分的沟通。她一边电话追踪马普的反应，一边推动公司产品的改进，最终，马普被她打动了。这笔交易，最后的成交额超过了2000万美元。

苏妲在每次面对客户的时候，从来都是雷厉风行，绝不拖泥带水，更不会考虑被拒绝带来的后果。她的老板说："她的杯子里从来不会只装一半水，总是盛得满满的。有一次，我们为销售人员举办了一场比赛，内容是在一个月之内比谁的电话被拒绝的次数最多。苏妲得了第一名，奖品是一只橡皮小鸡，现在就挂在她隔断间的墙上。"

抓住成交时机，尽快促成交易，是每个销售员必须掌握的基本技能。这就要求销售员必须抛弃一切恐惧和疑虑，主动出击，争取在最短的时间内说服客户。

哈佛大学的人才学家哈里克曾经说过："世界上有93%的人都因拖延的陋习而一事无成，这是因为拖延能够杀伤人的积极性。"如果你不想成为这93%中的一员，那么就请你放下所有的包袱，立即行动起来，就像古代的剑客一样，利剑一出，不达目的绝不回鞘！

英雄的胆：勇敢大胆，敢于冒险

有位销售员因为常被客户拒之门外，慢慢患上了“敲门恐惧症”。他去请教一位大师，大师弄清他的恐惧原因后便说：“你现在假如站在即将拜访的客户门外，然后我向你提几个问题。”

销售员说：“请大师问吧！”

大师问：“请问，你现在位于何处？”

销售员说：“我正站在客户家门外。”

大师问：“那么，你想到哪里去呢？”

销售员答：“我想进入客户的家中。”

大师问：“当你进入客户的家之后，你想想，最坏的情况会是怎样的？”

销售员答：“大概是被客户赶出来。”

大师问：“被赶出来后，你又会站在哪里呢？”

销售员答：“就——还是站在客户家的门外啊！”

大师说：“很好，那不就是你此刻所站的位置吗？最坏的结果，不过是回到原处，又有什么好恐惧的呢？！”

销售员听了大师的话，惊喜地发现，原来敲门根本不像他所想象的那么可怕。从这以后，当他来到客户家门口时，再也不害怕了。

他对自己说：“让我再试试，说不定还能获得成功，即使不成功，也不要紧，我还能从中获得一次宝贵的经验。最坏最坏的结果就是回到原处，对我没有任何损失。”这位销售员终于战胜了“敲门恐惧症”。由于克服了恐惧，他当年的推销成绩十分突出，被评为全行业的“最优秀销售员”。

作为一名销售新人，最怕的是什么？最怕跟陌生人说话，最怕说错话，最怕被人笑话，最怕被拒绝，最怕被人看不起！这种现象被称之为“缺乏人际勇气”，由于缺乏人际勇气而遭到淘汰的销售员高达40%以上，这些人多半是在入职后不长的时间就暴露出这样的问题。

在这个世界上，不知道每天有多少天才带着他们的梦想走进了坟墓。导致他们一生碌碌无为的最关键因素就是他们胆子太小，怕这怕那，没有勇气接受人生的挑战。

罗斯福说：“在人的一生中，没有什么是值得害怕的。唯一值得害怕的，只是害怕本身。”

比尔·盖茨说：“所谓机会，就是去尝试新的、没做过的事。可惜在微软神话下，许多人要做的，仅仅是去重复微软的一切。这些不敢创新、不敢冒险的人，要不了多久就会丧失竞争力，又哪来成功的机会呢？”

在比尔·盖茨看来，冒险是成功的首要因素。在任何事业中，把所有的冒险都消除掉的话，自然也就把所有成功的机会都消除掉了。在比尔·盖茨的一生中，最一贯持续的特性就是强烈的冒险天性。他甚至认为，如果一个机会没有伴随着冒险，这种机会通常就不值得花心力去尝试。

比尔·盖茨最喜欢速度快的汽车和游艇，他私人拥有两辆保时捷汽车和两艘快速游艇，毫无疑问，这是他不断锤炼自己冒险性格的工具，他因而经常接到超速行驶的罚单。

一个人驾驶汽车到沙漠旅行，一个人驾驶飞机飞越崇山峻岭，一个人驾驶游艇遨游大海，这都是比尔·盖茨常做的。

不畏挑战、敢于冒险是每一名销售员都应具备的心理素质。因为，真正阻碍销售员成功的，不是客户的挑剔，不是商品的价格，更不是竞争对手的打压，而是你的胆怯心理。当你遇上害怕做的事情时，只要敢试一试，就会觉得并没有什么，也没有你原先想象的那么可怕。

杨子森是一家文化传媒公司的总经理。他刚到公司的时候，从事的是广告业务员的工作。当时他的上司是一位十分能干的人。一日，这位上司找到杨子森，并对他说："你非常优秀，我相信你能够变得更加优秀。有一件事我希望你能同意，以后将对你的薪金做出调整，我的意思是说，以后你的底薪没有了，只按广告费抽取佣金，当然抽取的比例要比以前更大。"显然，这给杨子森带来了一定的压力，而且对于杨子森当时的生活情况来说，无异于给杨子森出了一个大大的难题。但杨子森知道上司这样做自然有他的道理，何况这也是给自己一个锻炼的机会，杨子森决定接受这个挑战。

杨子森马上开始了新一轮的工作，他列出一份名单，准备去拜访一些不好对付但十分重要的客户，而且他给自己定下了两个月的期限。其他业务员认为要想争取到这些客户无异于天方夜谭，而杨子森却满怀信心地一一拜访客户。

第一天，他以自己的努力和智慧与10个"不可能的"客户中的两个谈成了交易；在第一个月的其他几天里，他又成交了两笔交易；到了月底，10个客户中只有一个还不买他的广告。同事们都认为杨子森已经算是大功告成了，至于剩下的那个"难缠的老头儿"，已经没必要再在他身上浪费时间了，但杨子森依然没有放弃。第二个月，杨子森一边发掘新客户，一边锲而不舍地说服那位老人。每天清晨，那位老人一开商店的大门，杨子森就进去和他谈广告的事情，而那位老人总是回答：“不！”

第二个月就要过去了，这一天杨子森又来到了老人的商店，这位老人的口气缓和了许多：“你已经浪费了两个月的时间在我身上，我现在想知道的是，你为什么要这样做？”

“我并没有浪费时间，和你打交道本身就是一种收获，即使你不买我们公司的广告，我也从你身上锻炼了自己克服困难的意志。”

那位老人笑了：“年轻人，你很聪明，也十分踏实肯干，我相信拥有你这样员工的公司一定是一家优秀的公司，我决定买一个广告版面。”

很多销售员之所以失败，最大的缺点就在于缺乏足够的勇气，不敢冒险；或者做事只凭心血来潮，三分钟热度，没有持久的恒心与毅力。要想成为一名成功的销售员，必须抛弃犹豫不决的恶习，想好计划后就要当机立断，大胆地去行动，这样才能更快地到达成功之巅。

勇于冒险的美国人利奥·巴士卡利雅说：“希望就有失望的危险，尝试也有失败的可能。但是不尝试如何能有收获？不尝试怎么能有进步？不做也许可以免予受挫折，但也失去了学习和体验生活的机会。一个把自己限于牢笼中的人，是生活的奴隶，无异于丧失了生活的自由。只有勇于尝试的人，才拥有生活的自由，才能冲破人生难关。”

一个年轻人离开故乡，准备去开创自己的事业，实现人生的梦想。他动身的第一站，是去拜访本族的族长，请求指点。他问族长：“我的一生不能平庸。我不愿与草木同朽，我要与日月同辉，我要建立丰功伟绩，我该如何去做？”

老族长写了三个字：不要怕。然后抬起头来，望着年轻人

说："孩子，人生的秘诀只有六个字，今天先告诉你三个，供你半生受用。"

十年后，这个年轻人建立起一个超级商业王国，取得了巨大的成就。他衣锦还乡，又去拜访族长。老族长几年前就去世了，家人取出一封密信对他说："这是族长生前留给你的，他说有一天你会再来。"

他这才想起，十年前，他在这里听到的只是人生秘诀的一半。他拆开信封，里面又是赫然的三个大字：有何怕！

人成功的原因有很多个，胆量是其中必不可少的一个。没有胆量就没有勇气，没有勇气就没法冲破胆怯的藩篱，也就无法向着成功迈进一步。所以，要想获得事业的成功，我们必须将一根弦绷紧，这根弦就是：不要惧怕任何压力与困难。事实上，只有顶住压力、迎难而上，才会有成功的可能。

军人的意志：坚持到底，绝不半途而废

做销售的过程就像打牌，我们不可能每把都抓到一把好牌，我们所能做的就是即使摸到一副差牌，也要坚持打下去。只要我们竭尽全力，差牌未必就会输；如果你在中途放弃了，那么再好的牌都派不上用场。

生活中，那些优秀的销售员和平庸的销售员往往没有多大的区别，只不过是平庸者走了99步，而优秀者比他们多走了1步而已。古罗马诗人奥维德曾说："忍耐和坚持虽是痛苦的事情，但却能渐渐地为你带来好处。"人生就像是一个寻宝的过程，中途放弃是不可能寻到宝藏的。

有一个人经常出差，经常买不到坐票。可是无论长途短途，无论车上多挤，他总能找到座位。他的办法其实很简单，就是耐心地一节车厢一节车厢地找过去。

这个办法听上去似乎并不高明，但却很管用。每次，他都做好了从第一节车厢走到最后一节车厢的准备，可是每次他都用不着走到最后的车厢就会发现空位。他说，这是因为像他这样锲而不舍找座位的乘客实在不多。通常的情况是，往往在他落座的车厢里尚余有若干的

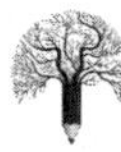

座位，而在其他车厢的过道和车厢接头处，居然人满为患。

他说，大多数乘客容易被一两节车厢拥挤的表面现象迷惑了，不大细想在数十次停靠之中，从火车十几个车门上上下下的流动中蕴藏着不少提供座位的机遇。有的人即使想到了，也没有那一份寻找的耐心。他们为眼前一方小小立足之地已经感到非常满足，极不情愿为了一个座位背负着行囊挤来挤去，他们还担心万一找不到座位，回头连个好好站着的地方也没有了。

在这个故事里，成功和失败之间似乎只相差了区区几步，犹如薄纸一隔。而在现实生活中，这成功和失败之间，在其他一些条件都具备下，往往还缺乏坚持不懈、永不放弃的意志力。

对于一名军人来说，坚忍的意志一直是取得最终胜利的基石。如果没有坚忍的意志，就算你有过人的天赋、金钱、人脉、学识，都无法让你登上成功的顶峰。而对于销售员来说，销售的过程就像伐树，而挫折则是一块必不可少的磨刀石。为了销售的成功，销售员一定要勇敢地面对挫折和磨难，越挫越勇。

高木是日本著名的销售员，写了不少著作。他说："切勿做一个只在山脚下转来转去的毫无登山意志的人。必须尽自己的体力，攀登上去。有此宏愿，即使技术不够，还是可以最终登上山顶。"

当年，高木在进入推销界的初期，也是一切都不如意。他每天跑三十几家单位去推销复印机。在战后百业待兴的时期，复印机是一种非常昂贵的新型商品，绝大部分政府部门和公司都不会购买。大多数机构，连大门都不让进；即使进去了，也很难见着主管。于是他只好设法弄到主管的家庭地址，再登门拜访，而对方往往让他吃闭门羹："这里不是办公室，不谈公务。你回去吧。"

第二次再去，对方口气更为强硬："你还不走，我可要叫警察了！"

头三个月的业绩为零，他连一台复印机也没有卖出去。他没有月薪，一切收入都来自交易完成以后的利润分成。没有做成生意，就没有一分钱收入，出差在外时住不起旅馆，只好在火车候车室过夜。但他仍然坚持着。

有一天，他打电话回公司，问有没有客户来订购复印机。这种电话他每天都要打，每次得到的都是值班人有气无力的回答：“没有”。但这一天，回答的口气不同了：“喂，高木先生，有家证券公司有意购买，你赶快和他们联系一下吧。”

简直是奇迹：这家公司决定一次购买八台复印机，总价是108万日元，按利润的60%算，高木可得报酬超过19万元。这是他的第一次成功。从此以后，时来运转，他的销售业绩直线上升，连他自己都觉得惊讶。

进入公司半年以后，高木已经是公司的最佳销售员了。他觉得，自己之所以能够成功，是因为他将整个生命都投入到这个工作中去了。

有一天他到一家机电公司去推销，主管很注意地听取高木的产品介绍，然后说：“请你拿一份图纸给我看看。”高木将图纸送过去。新的要求又来了：“请你把那些已经使用这种复印机的单位名录给我看一看。”

高木不厌其烦，又整理了一份名录送过去。那人说：“请再为我算算成本。”

总之，每一次去都有新的要求，但就是不提购买的事。高木有求必应。就这样拖了两个月，主管竟然提出：“请你们的社长来一次好吗？”

高木不知道他葫芦里卖的什么药，但还是请动社长，一起去拜访这位主管。吃饭时，这位主管对社长说：“高木先生实在了不起。我工作了那么多年，也不知见过多少销售员，能完全遵照我的要求办事

的，只有他一个人！”从此以后，这家电机公司所有购买复印机的业务，一律交给高木办理。

世界上最坚强的东西是什么？是血肉之躯里深藏着的意志。很多时候，我们之所以失败，就是因为我们缺少了那一点点的坚持，一点点的执着。自古以来，不知道有多少人因为不相信自己而一生碌碌无为；而那些成功人士则不然，他们坚决做自己思想的主宰，坚信自己能够将“不可能”变为“可能”。

马云有句话说得好：“今天很残酷，明天更残酷，后天很美好，但绝对大部分是死在明天晚上，所以每个人不要放弃今天。”有的时候，销售就是一个临界点的突破，这边是黑暗，推开大门就是黎明。所以，要想成功地销售出产品，不到最后关头，千万不可轻言放弃。

有一个销售员，名叫卡尔森，他千方百计要把自己的阀门推销给芝加哥的一家糖果厂，该糖果厂使用另一个牌子的阀门已有25年的历史。一天，在吃午饭时他截住糖果厂的总机械师，说他下午两点要去见他。

两点刚过，总机械师气冲冲地走进会客厅，用愠怒的目光瞪了卡尔森一眼。卡尔森慌忙请他坐下，开门见山地问：“您用的阀门漏不漏？”

“买阀门不是我的事！”总机械师高声说：“你去找总工程师吧。”

卡尔森装作没听见他的话，继续问：“什么设备上的阀门泄漏最多？”

“焦糖蒸汽罐上的，”总机械师不情愿地承认，“但我无权购买任何阀门。”

这时，卡尔森已经开始展示自己的样品，他把阀门拆开让总机械师看：由于在特硬底座和堵盘之间垫的是修剪好的薄钢片，因而阀门可以做到绝对的密封。“你们的焦糖蒸汽罐上使用多大尺寸的阀门？”他问。

“3／4英寸的，”总机械师回答，“但我已经告诉你——我什么阀门也不能要。”

卡尔森根本不听此话，却对陷入困惑的总机械师下令道：“你写一张请购单，就说需要一只3／4英寸的实心阀门，进屋去给你们采购员要一张订单。然后你就会看到阀门的泄漏问题将会彻底解决。快去吧！”

总机械师走进屋里，为那一只试用的阀门拿来定单。卡尔森在几分钟之内做到了他们公司经销商及销售员25年来未曾做到的事，原因是只要出现“不”字，他的耳朵就会自动堵上。

乔·吉拉德曾经说过：“成功的人有时候也是被逼出来的。我想大多数人都会承认，他们之所以成功，是因为他们的坚韧不拔，不断追求成功，事实上，坚韧不拔便是成功的保证。”意志力贯穿销售工作的始末，从第一次见客户，到产品的售后服务，都需要支出意志力。想成为一名优秀的销售员，就不能没有钢铁般的意志力，只有坚韧的意志力才能征服命运，才能让成功光顾你。

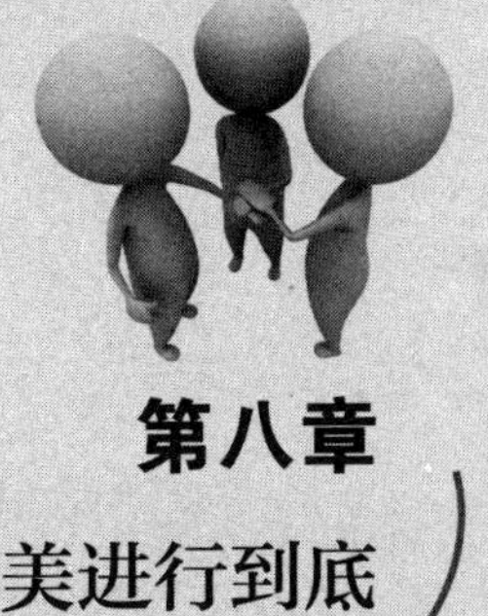

第八章

把微笑和赞美进行到底

乔·吉拉德曾经说过："当你微笑时，整个世界都在笑。一脸苦相没有人愿意理睬你。"在与客户相处的过程中，真诚的微笑是打开对方心灵的金钥匙。因为你一微笑，对方就会产生亲切感。对方对你产生了好感后，你们之间的交流就变得畅通无阻了。如果你是一个善笑的人，就算是再刁钻的客户，也会被你真诚的微笑所融化。

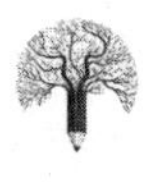

营销，从微笑开始

中国有句古话："人不会笑莫开店。"微笑是人际交往中最甜蜜的甘露，也是非常有效的销售工具。美国一家百货商店的销售经理曾经说过，他宁愿雇佣一个没上完小学但却有愉快笑容的女孩子，也不愿雇佣一个神情忧郁的哲学博士。

英国研究人员发现，人们通常会认为那些微笑着注视自己的人更具有魅力。心理学家要求志愿者评价呈现在电脑屏幕上的两张人脸图片哪个更有魅力。为了消除人脸的物理特征对偏好的影响，每次呈现的两张图片都是同一个人的照片，只是面部表情或者眼睛的注视方向不同。实验结果发现，志愿者认为那些微笑的脸更有魅力，并且那些注视着志愿者的脸比注视着其他方向的脸具有更高的"魅力指数"。这说明人们更喜欢那些微笑着注视自己的人。

作为一名销售人员，你能否成功地推销出去自己的产品，很多时候取决于你的精神状态。所以，当你第一次见到客户时，如果你露出的是一副友善的笑容，那么，你留给客户的印象就非常好。礼貌而亲切的笑容会让销售员有如神助，让客户快速地做出购买决定。

一天，销售员布恩去拜访一位客户，但是很可惜，他们没有达成协议。布恩很苦恼，回来后把事情的经过告诉了经理。经理耐心地听完了布恩的讲述，沉默了一会儿说："你不妨再去一次，但要调整好自己的心态，要时刻记住运用微笑，用你的微笑打动对方，这样他就能看出你的诚意。"

布恩试着去做了，他把自己表现得很快乐、很真诚，微笑一直洋溢在他的脸上。结果对方也被布恩感染了，他们愉快地签订了协议。

布恩结婚已经18年了，每天早上出门前很少对太太笑，更别提对她说几句温存的话了。看到微笑能在商业活动中发挥神奇的作用，布恩就打算在家庭中试一试。第二天早起，布恩抹去了脸上的愁容，给了太太一个大大的微笑。吃早餐时，他又问候太太："早安，亲爱的！"这让太太又惊又喜。之后，布恩的婚姻进入了蜜月期。

来到公司，布恩跟门口的保安热情地打招呼，对大厦的电梯管理员微笑，对那些来交易咨询的从未谋面的人微笑。布恩很快就发现，身边的所有人也对他报以微笑。他开始怀着一种愉悦的态度，即便是对那些满腹牢骚的人，他也是一边听牢骚一边微笑，于是，问题轻松地解决了。

因为微笑，布恩逐渐学会了赏识和赞美他人，并尝试着放弃蔑视他人的态度。他不再谈论自己所需要的，而是企图从别人的角度来看事情。布恩的生活因此发生了改变，他变成了另外的一个人，一个更快乐、更幸福、更成功的人。

服务行业至关重要的是微笑服务。世界著名的经营之王希尔顿说："微笑是最简单、最省钱、最可行，也是最容易做到的服务，更重要的是，微笑是成本最低、收益最高的投资。"微笑就像一块磁力极强的磁铁，会把彼此的心拉得更近。所以，在销售工作中实施微笑服务，会让客户称心如意，客户便会产生物有所值的感觉，最终赢利的还是你。

希尔顿出生在美国新墨西哥州的圣安东尼奥的一个挪威移民的家庭。父亲去世后，希尔顿怀揣5000美元，只身来到了德克萨斯州，他做了一项投资，果断地买下了他的第一家馆——希尔顿旅馆。很快，他的旅馆资产达到了5100万美元。

当他把这一成就告诉母亲的时候，想不到，母亲却淡然地说："依我看，你跟以前根本没有什么两样……事实上你必须把握比5100万美元更值钱的东西：除了对客户诚实之外，还要想办法使来希尔顿旅馆的人住过了还想再来住，你要想出这样一种简单、容易、不花本钱而行之久远的办法去吸引客户。这样你的旅馆才有前途。"

母亲的忠告使希尔顿陷入沉思：究竟什么办法才具备母亲指出的"简单、容易、不花本钱而行之久远"这四大条件呢？他冥思苦想，不得其解。于是他逛商店、串旅馆，以自己作为一个客户的亲身感受，得出了准确的答案："微笑服务。"只有它才实实在在的同时具备母亲提出的四大条件。

从此，希尔顿实行了微笑服务这一独创的经营策略。每天他对服务员说的第一句话是"你对客户微笑了没有？"他要求每个员工不论如何辛苦，都要对客户投以微笑。即使在旅店业务受经济萧条严重影响的时候，希尔顿也经常提醒员工记住："万万不可把我们心里的愁云摆在脸上，无论旅馆本身遭受的困难如何，希尔顿旅馆服务员脸上的微笑永远是属于旅客的阳光。"

很快，希尔顿旅馆就走出了低谷，进入了经营的黄金时期，他们添置了许多一流的设备。当再一次巡视时，希尔顿问他的员工们："你们认为还需要添置什么？"员工们回答不上来。

希尔顿笑着说："还要有一流的微笑！如果我是一个旅客，光有一流的设备，没有一流的服务，我宁愿弃之而去住那种虽然设施差一些，却处处可以见到微笑的旅馆。"

微笑不仅使希尔顿旅馆率先渡过难关，而且带来了巨大的经济效益，发展到在世界五大洲拥有70余家旅馆，资产总值达数十亿美元。

微笑不需要成本，但经营好却可以创造很多价值。对客户一个真诚的微笑，可以拉近与客户的距离，化解客户心中的怨气，提升自己的人格魅力。

当然了，销售员要从客户那里签下单子来，一张笑脸是远远不够的，还需要过硬的业务素质和足够的知识。但是，如果销售员脸上没有笑容的话，那你只会将自己的客户拱手送给自己的竞争对手。

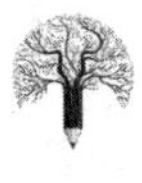

微笑是最好的名片

在这个世界上，人类是微笑的唯一载体，微笑是人类最美的表情。现代科学证实，经常发自内心地微笑，可以有效地提高人的生理机能、改善人的情绪。一旦情绪变好了，就能够提高工作热情，增强工作和办事的效率。

生活中离不开微笑，同样，销售也离不开微笑。因为微笑是对别人友好情感的表达，可以创造一种和谐融洽的气氛，让客户倍感温暖和愉快。英国诗人雪莱说："微笑，实在是仁爱的象征、快乐的源泉、亲近别人的媒介。有了笑，人类的感情就沟通了。"美国的卡耐基也说："微笑，它不花费什么，但却创造了许多成果。它丰富了那些接受的人，而又不使给予的人变得贫瘠。它产生在一刹那间，却给人留下永久的记忆。"

有这样一个笑话：

三个外科医生在炫耀各自的医术如何的精湛。

第一个说："我给一个男人安上了胳膊，他现在是全国闻名的拳击冠军。"

第二个说："我给一个人接好了腿，他现在是全球著名的长跑运动员。”

“你们的医术都算不了什么，”第三个说，“前不久，我给一个白痴装上了笑容。他现在是世界上最伟大的销售员了！”

这虽然是一则笑话，却说明了微笑对销售员的重要性。销售大师原一平先生就曾为赢得客户的信任，对着镜子苦练微笑，并把微笑分为38种。曾经在对付一个极其顽固的客人时，他使用了30种微笑，他的微笑被人们誉为“价值百万美金的微笑”。所以，销售员要想征服客户就应该时刻保持微笑。

飞机起飞前，一位乘客请求空姐给他倒一杯水吃药。空姐很有礼貌地说：“先生，为了您的安全，请稍等片刻，等飞机进入平稳飞行后，我会立刻把水给您送过来，好吗？”

15分钟后，飞机早已进入了平稳飞行状态。突然，乘客服务铃急促地响了起来，空姐猛然意识到：糟了，由于太忙，她忘记给那位乘客倒水了！当空姐来到客舱，看见按响服务铃的果然是刚才那位乘客。她小心翼翼地把水送到那位乘客跟前，面带微笑地说：“先生，实在对不起，由于我的疏忽，延误了您吃药的时间，我感到非常抱歉。”这位乘客抬起左手，指着手表说道：“怎么回事，有你这样服务的吗？”空姐手里端着水，心里感到很委屈，但是，无论她怎么解释，这位挑剔的乘客都不肯原谅她的疏忽。

接下来的飞行途中，为了补偿自己的过失，每次去客舱给乘客服务时，空姐都会特意走到那位乘客面前，面带微笑地询问他是否需要水，或者别的什么帮助。然而，那位乘客余怒未消，摆出一副不合作的样子，并不理会空姐。

临到目的地前，那位乘客要求空姐把留言本给他。空姐认为他一定要写自己的投诉信，然而打开本子却惊奇地发现，那位乘客在本子

上写下的并不是投诉信，相反，这是一封热情洋溢的表扬信。

在信中，空姐读到这样一句话：“在整个过程中，你表现出的真诚的歉意，特别是你的12次微笑，深深打动了我，使我最终决定将投诉信写成表扬信！你的服务质量很高，下次如果有机会，我还将乘坐你们的航班！”

生活就像一面镜子，你哭它也哭，你笑它也笑。从心理学的角度来说，微笑代表了乐观、真诚、善意的心态，很容易给客户留下友好与体贴的印象。任何人都不喜欢“热脸贴冷屁股”，也不会“伸手打笑脸人”。

正所谓“诚招天下客，客从笑中来；笑脸增友谊，微笑出效益”。微笑是盛开在别人脸上的花朵，是一个人能够献给每一个人的爱的礼物。当我们把这种礼物奉献给别人的时候，我们就能赢得友谊，还能赢得其他许许多多的财富。

一个下雨天的下午，有位妇人走进匹兹堡的一家百货公司，漫无目的地在公司内闲逛，很显然是一副不打算买东西的样子。大多数售货员只对她瞧上一眼，然后就自顾自地忙着整理货架上的商品。

这时，一位年轻的男店员看到了她，立刻微笑着上前，热情地向她打招呼，并很有礼貌地问她，是否有需要他服务的地方。这位老太太对他说，她只是进来躲雨罢了，并不打算买任何东西。这位年轻人安慰她说：“即便如此，我们仍然欢迎您的光临！”并主动和她聊天，以显示自己确实欢迎她。当老太太离去时，这位年轻人还送她到门口，微笑着替她把伞撑开。这位老太太看着他那亲切、自然的笑容，不禁犹豫了片刻，凭着她阅尽沧桑数十年的眼睛，她在年轻人的那双眼睛里读到了人世间的善良与友爱。于是她向这位年轻人要了一张名片，然后告辞而去。

后来，这位年轻人完全忘记了这件事。但是，有一天，他突然被公司老板召到办公室去，老板告诉他，上次他接待的那位老太太是美国钢铁大王卡耐基的母亲。老太太给公司来信，指名道姓地要求公司派他到苏格兰，代表公司接下装潢一所豪华住宅的工作，交易金额数目巨大。老板祝贺年轻人："你的微笑是最有魅力的微笑！"

可见，销售员的微笑是必需的！微笑能给客户留下宽厚、谦虚、亲切的印象，表达出的是对客户的理解、支持和尊重。所以，要想成为一名优秀的销售员，你必须记住这一点：你虽然无法控制你的长相，但你能控制你的笑容；当你面对客户时，请将你的个人情绪锁在心里。

美国沃尔玛零售公司是世界500强企业，它的微笑服务享誉全世界。在微笑服务上，他们有一个"统一规格"：店员对顾客微笑时必须要露出8颗牙齿。只有微笑时露出8颗牙齿才算"合格"，因此，店员必须要进行练习，一直到完全合格为止。在中国沃尔玛工作5年的瑞约翰说："你试试，把嘴露到8颗牙齿时，人的微笑才表现得最为完美。"

微笑服务是一种以客户为本的服务理念，作为一名销售新人，你不需要把聪明挂在脸上，但时刻不要忘记把微笑挂在脸上。销售员的微笑可以驱散客户的苦闷和疲惫，可以使客户原谅你的无心之失，还会给客户带来愉快的心情。所以，要想在客户心中留下良好的印象，就要学会微笑。只要你活着、忙着、工作着，就不能停止微笑。

“曼狄诺定律”：微笑可以带来黄金

在现实生活中，没有人喜欢和一个整天满面冰霜、横眉冷目的家伙在一起，原因很简单，这种人只会给别人带去悲伤、消极和失望。试想一下，如果有一个陌生人正对着你微笑时，你是不是感觉心旷神怡、如沐春风呢？如果你看到的是一张“苦瓜脸”，肯定会对这种人敬而远之的。所以，微笑是两个人之间最短的距离，具有神奇的魔力。

当人们遇到挫折、心情不佳时，最想看到的就是微笑。美国著名作家奥格·曼狄诺说：“微笑可以带来黄金。”他主张人们应该微笑，微笑拥有巨大的魔力，更重要的是要真心的微笑。这就是大名鼎鼎的“曼狄诺定律”。

威廉·怀拉是美国一位销售寿险的顶尖高手，年收入高达百万美元，他成功的秘诀就在于拥有一张令客户无法抗拒的笑脸。这张迷人的笑脸并不是天生的，而是长期苦练出来的。

威廉原来是全美家喻户晓的职业棒球明星球员，到了40岁因体力日衰而被迫退休，之后他去应征保险公司销售员。

威廉以为凭自己的知名度理应被录取，没想到竟被拒绝了。人事经理对他说："保险公司销售员必须有一张迷人的笑脸，而你却没有。"

听了经理的话，威廉没有气馁，他开始苦练笑脸，每天在家里放声大笑百次，邻居都以为他因失业而神经错乱了。为避免误解，他干脆躲在厕所里大笑。

经过了一段时间的练习，他去找经理，可经理说："还是不行。"

威廉不泄气，仍旧继续苦练，他搜集了许多公众人物迷人的笑脸照片，贴满屋子，以便随时观摩。隔了一阵子，他又去见经理，经理冷冷地说："好一点了，不过还是不够吸引人。"

威廉不认输，回去加紧练习。有一天，他散步时碰到社区的管理员，很自然地笑了笑，跟管理员打招呼，管理员对他说："怀拉先生，您看起来跟过去大不一样了。"这句话使威廉信心大增，他立刻又跑去见经理，经理说："有点味道了，不过仍然不是发自内心的笑。"

威廉不死心，又回去苦练了一段时间，终于悟出"发自内心如婴儿般天真无邪的笑容最迷人"，他终于练成了一张价值百万美元的笑脸。

纵观历史，在任何时代，任何地区，任何民族中，微笑都是表示友好意愿的信号。在销售的过程中保持微笑，表明你对客户交谈抱有积极的期望。没有人能拒绝微笑，当你笑容满面地出现在客户面前时，当你一脸和气地跟客户交谈时，当你眉语目笑地与客户握手再见时，客户还会将你拒于千里之外吗？

保加利亚哲学家基里尔·瓦西列夫在《爱情论》一书中说："爱的微笑像一把神奇的钥匙，可以打开心灵的迷宫。它的光芒照亮周围的一切，给周围的气氛增添了温暖的同情、殷切的期望和奇妙的幻景。"

美国加州一位6岁的小女孩，在一次偶然的机会中，遇到一个陌生的路人，陌生人一下子给了她4万美元的现款。

一个女孩突然得到这么大金额的馈赠，消息一传出，整个加州都为之疯狂骚动起来。记者纷纷找上门，访问这个小女孩："小妹妹，你在路上遇到的那位陌生人，你真不认识他么？他是你的一位远房亲戚吗？他为什么给你那么多钱？4万美元，那是一笔很大的数目啊！那位把钱给你的先生，他是不是脑子有问题……"

小女孩露出甜美的微笑，回答说："不，我不认识他，他也不是我的什么远房亲戚，我想……他脑子应该也没有问题！为什么给我这么多钱，我也不知道啊……"尽管记者用尽一切方法追问，仍然无法探个究竟。

这位小女孩努力地想了又想，约莫过了10分钟，她若有所悟地告诉父亲："就在那一天，我刚好在外面玩，在路上碰到那个人，当时我对他笑了笑，就只是这样啊！"

父亲接着问："那么，对方有没有说什么话呢？"

小女孩想了想，答道："他好像说了句'你天使般的微笑，化解了我多年的苦闷！'爸爸，什么是苦闷啊？"

原来那个路人是一个富豪，一个不是很快乐的有钱人。他脸上的表情一直是非常冷酷而严肃的，整个小镇根本没有人敢对他笑。他偶然遇到这个小女孩，对他露出了真诚的微笑，使他心中不自觉地温暖了起来，让他尘封了不知多少年的心扉打开了。

于是，富豪决定给予小女孩4万美元，这是他对那时候他所拥有的那种感觉定出的价格。

小女孩一个善意的微笑，却换来了巨额的财富，可见微笑的巨大力量。微笑就像三春的阳光，能融化堆积在人们心灵之间的冰雪，让人重唤希望和梦想。微笑发自内心，不卑不亢，既不是对弱者的愚弄，也不是对强者的奉承。真正懂得微笑的人，总是容易获得比别人更多的机会，总是容易取得成功。

有一次，底特律的哥堡大厅举行了一次巨大的汽艇展览，人们争相参观。在展览会上人们可以选购各种船只，从小帆船到豪华的巡洋舰应有尽有。

在这次展览中，一位来自中东某一产油国的富翁对一艘大船表现出了很大的兴趣，他对站在那艘船面前的销售员说："我想买艘价值2000万美元的汽船。"当然，这对销售员来说是天大的好事。可是，那位销售员只是愣愣地看着这位客户，以为他是疯子，不予理会，他认为这位富翁在浪费他的宝贵时间，看着销售员那没有笑容的脸，富翁便走开了。

富翁继续参观，到了下一艘陈列的船前，这次招待他的是一位热情的销售员。这位销售员脸上挂满了亲切的微笑，那微笑就像一股甘泉，使富翁顿时轻松了许多，于是他又一次说："我想买艘价值2000万美元的汽船。"

"没问题！"这位销售员说，他的脸上挂着微笑，"我会为你介绍我们的汽船系列。"随后，便推销了他的产品。

在相中一艘汽船后，这位富翁签了一张500万美元的支票作为定金，并且他又对这位销售员说："我喜欢人们表现出一种对我非常有兴趣的样子，你现在已经用微笑向我推销了你自己。在这次展览会上，你是唯一让我感到我是受欢迎的人。明天我会带一张2000万美元的保付支票回来。"

第二天，那位富翁果真带了一张保付支票回来，购下了价值2000万美元的汽船。

西方哲人苏格拉底说："在这个世界上除了阳光、空气、水和笑

容，我们还需要什么呢？”微笑服务可以使被服务者的需求得到最大限度的满足。微笑是与客户建立友情的基础，是获得客户喜欢的重要原因，也是刺激客户购买你的产品的动力。在这种亲和力的感召之下，即使客户不需要你的产品，也会愿意在你灿烂的微笑中了解你的商品，为下一次需要时购买打下基础。

微笑不分四季、不分国籍，只要有人的地方，都会盛开微笑之花。作为一名优秀的销售员，一定要记住，真诚的微笑会使客户倍感亲切，难以忘怀。如果你的心情很糟，没办法微笑，那么你要强迫自己微笑起来。

赞美——最锋利的销售武器

美国心理学家威廉·詹姆斯曾经指出："渴望被人赏识是人最基本的天性。"所以，几乎所有的人，都喜欢听赞美的话。可以说，对于赞美之辞，一般情况下，人们都会照单签收。即使赞美得有些过头，对方往往也会"来者不拒"。

每个人都有到商城买衣服的经历，在你试衣时，肯定会受到店主的赞美："天啦，这款衣服简直是为你量身定制的！你穿起来非常合身、大方，一下子年轻了好几岁。"本来你是不想买那件衣服的，却买回来了。

第二天，你得意扬扬地穿上这件新衣服打算出去显摆，可是穿了不到两个小时，某条缝线断了，裂开了一个洞。此时，你才恍然大悟，是店主的赞美使你上了当。

从社会心理学角度来说，赞美也是一种有效的交往技巧。马克·吐温有一句名言："我接受了人家愉快的称赞之后，能够光凭着这份喜悦生活两个月。"的确，称赞、恭维之词是令人畅快无比的。

1671年5月，伦敦发生了一起震惊的盗窃案。一伙盗贼潜入伦敦市郊的马丁塔，想盗走英国的镇国之宝——英国国王的皇冠。然而，

这群盗贼技艺不够高超，被守塔的卫队给擒住了。

事后查明，这伙盗贼一共5个人，是集团作案，为首的是一个叫布雷特的家伙。此人能言善辩，机警诡诈。

英国国王查理二世听说有人去盗他的皇冠，非常震惊，亲自审问这个胆大妄为的狂妄之徒。

盗贼头目布雷特被押到了国王面前，查理二世看着这个其貌不扬的人，实在看不出他有什么特别之处。于是开口问道："听说你还有男爵的头衔？"

"是的，陛下。"布雷特老实地回答。

"我还听说你这个头衔是因诱杀了一个叫艾默斯的人而得来的？"

"陛下，我只是想看看他是否配得上您赐予他的那个高位，如果他轻而易举地就被我打发掉，陛下就能挑选一个更适合的人来接替他的位置。"

查理二世沉思了片刻，觉得布雷特不仅胆大包天，而且口齿还很伶俐。于是又厉声问道："你的胆子可真不小啊，居然敢来偷我的王冠？"

"陛下，我知道我的行为有点狂妄，不过我只是想借此来提醒您关心一下我这个生活没有依靠的老兵。"

"什么？可是你并非我的部下啊！"查理二世惊奇地问道。

"陛下，我从来都不曾与您为敌过。现在天下太平，所有的臣民不都是您的部下吗？我当然也是您的部下。"

查理二世感到此人更像个无赖，就直接问道："那你说吧，我该怎么处理你？"

"从法律的角度来看，我应该被处死。但是，我们5个人死后，每一位至少会有两位亲属为之落泪。而从陛下您的角度来看，多10个人的赞美，总比多10个人的眼泪要好得多，您说对吗陛下？"

查理二世没想到他会这样回答，接着又问：“那么你觉得自己是个勇士还是懦夫？”

“陛下，我现在连个安身的地方都没有，到处都有人在抓我。直到去年我在家乡搞了一次假出殡，让一些人以为我死掉了，才不再被人抓。这显然不是一个勇士的行为。因此，尽管在别人面前我是个勇士，但在陛下的权威面前，我是个懦夫。”

查理二世听到布雷特强词夺理的辩解，居然大悦，不仅赦免了他，还赏给他一笔不小的赏金。

由此可见，赞美是一剂温柔的“毒药”，可以让别人在不知不觉中中毒，从而心甘情愿地供你驱使。

对于以与人打交道为职业的销售员来说，赞美是拉近你和客户之间距离的最有效手段。天底下只有一个办法可以让客户义无反顾地按照你的建议去行事，那就是真诚的赞美。适当地赞美客户，不仅能体现销售员的修养与情商，还能为促成业务推波助澜。所以，懂得赞美的人，肯定是优秀的销售员。

一位销售员敲开了经理办公室的门。当看到经理时，他脸露微笑，并深深地点头行礼。经理笑着站起身来，同他握手。

销售员：“经理，您好，我是中达公司的销售员，请您多多指教。”

经理：“好说，好说，你请坐吧！”

销售员：“谢谢。非常感谢您在百忙之中抽出时间和我见面，我一定会好好地把握这次机会。”

经理：“不用客气，我也很高兴见到你。”

销售员：“贵公司在您的领导之下，业务节节拔升，已经俨然成为这一行业的翘楚了！我浏览过贵公司的网页，知道您非常注重网络

营销，现在很多客户都从网上购买产品了。使用这种方式营销您在业内是榜样啊！”

经理：“我们销售的产品是网络办公设备，我们的客户都是世界500强的企业。随着网络的发展，很多客户都开始从网上来寻找自己需要的产品，我们做自己网站的目的是满足客户在网络上查询产品、了解产品，提高我们的销售效率。”

销售员：“嗯，您的理念确实反映出贵公司的经营特性，很有远见。在国内，恐怕没有公司在网络营销方面超过你们了。我向您推荐一个网站推广的方案，这个方案可以使客户更容易发现您的产品和服务，这样不仅能提高销售额，也有很好的广告效应，使您公司及您的产品具备更大知名度。”

经理：“网站推广方案？嗯，我对这个蛮感兴趣的，你说说吧！”

就这样，销售员通过一系列的恭维，打开了经理的心理防线，并让他对自己产生了好感，为接下来的销售打下了基础。

心理学家分析得出，每个人都有天生的自卑情结，这种心理决定了人们或多或少地喜欢别人称赞自己聪明、有才华、头脑清晰等。因此，作为一名销售员，适当的赞美能满足客户的自尊心和虚荣心，能引起客户的注意、兴趣及需求，以达到销售的最佳效果。

巧妙赞美，让客户快乐买单

俗话说："良言一句三春暖"，喜欢听好话是人的天性之一。每个人都会因为得当的赞美，而感到自尊心和荣誉感得到满足。赞美是一种美德，它不需要你付出多大的代价，却能给别人带来无与伦比的勇气和力量。

哲学家说，人生有"三宝"：微笑、点头和赞美。真诚的赞美如同一股和风细雨，能够融化所有的冷漠，散发出令人陶醉的气息。美国钢铁大王夏布先生曾说过一段意味深长的话："我想，我天生具有引发朋友热心的能力，促使人将自身能力发挥至极限的最好办法，就是赞赏和鼓励。来自长辈或上司的批评，最容易葬送掉一个人的志气。我从不批评他人，我相信奖励是使人工作的原动力，所以我喜欢赞美而讨厌吹毛求疵。如果说我喜欢什么，那就是真诚、慷慨地赞美他人。"

一位孀居多年的老妇人应邀去参加一个别有特色的情人舞会。舞会的组织者旨在使参与者们能够回忆起他们的年轻时代。舞会上，这位妇人曾经有过的两位情人也来了。第一位情人见到那妇人时脱口而出："哟，你和年轻时完全不一样了，真的变成一个老太婆了。"第

二位却对她说："亲爱的，你今晚太美了。人们都说岁月是美丽的杀手，可它丝毫未能摧毁你的优雅。要是你不介意的话，我多么希望自己能成为你今后的生活伴侣。"

接下来，舞会开始了。

老妇人在第二位情人的邀请下走上舞场，舞曲一支接一支地放，两人一支接一支地跳，直到舞会终场，她礼貌地向两位情人道别，便转身走了。3天以后传来了这位老妇人的死讯，两位情人及时赶到，并分别得到一封信和一个包裹。在给第一个情人的信里，老妇人说："你是一个诚实的人，你说了真话，现在我把我一生的日记全部留给你，从中你可以看到一个女人真实的内心世界。"

在给第二个情人的信里，老妇人说："感谢你一席美丽的谎言，它让我度过了一个美好的夜晚，并足以把我一生的梦幻带到另一个世界。为此我将留给你我全部的财产，你可以用它继续向其他女人编造赞美的谎言。"

美国总统林肯曾说："人人都需要赞美，你我都不例外。"赞美别人，仿佛用一支火把照亮别人的生活，同时也会给自己带来好运。赞美是人生的"加油站"，它把好运传递给每一个人。

托尔斯泰说："就是在最好的、最友善的、最单纯的人际关系中，赞美也是必要的，正如润滑对轮子是必要的，可以使轮子转得更快。"吝啬赞美，很可能让你失去一位真心朋友；多一些赞美，生活将会变得趣味盎然。

某王爷手下有个著名的厨师，他的拿手好菜是烤鸭，深受王府里的人喜爱，尤其是王爷，更是倍加赏识。不过这个王爷从来没有给予过厨师任何表扬，使得厨师整天闷闷不乐。有一天，王爷家里来了一位远方的贵客，王爷点了数道名菜招待贵宾，其中一道就是王爷最喜爱吃的烤鸭。厨师奉命行事，然而，当王爷挟了一只鸭腿给客人时，却找不到另一条鸭腿，便问身后的厨师说："另一条腿到哪里去了？"

厨师说："禀王爷，我们府里养的鸭子都只有一条腿！"王爷感到诧异，但碍于客人在场，不便问个究竟。

饭后，王爷便跟着厨师到鸭笼去查个究竟。时值夜晚，鸭子正在睡觉。每只鸭子都只露出一条腿。厨师指着鸭子说："王爷你看，我们府里的鸭子不全都是只有一条腿吗？"王爷听后，便大声拍掌，吵醒鸭子，鸭子当场被惊醒，都站了起来。王爷说："鸭子不全是两条腿吗？"

厨师说："对！对！对！不过，只有鼓掌拍手，才会有两条腿呀！"

作为一名销售员，谁都希望客户按照自己的意愿去做事，而赞美恰恰有这种神奇的功能。只要你能够运用恰当的口才技巧，去真诚地赞美客户，把客户夸高兴了再谈业务，就一定能让客户乐意做你所建议的事。

世界上最成功的商人之一、美国亿万富翁德士特·耶格建议人们："你只需要练习向别人说你自己喜欢从别人那里听到的事情。当他们出色地做到某件事情后，你能够祝贺他们。你懂得告诉他们，你是多么欣赏他们所做出来的贡献。当他们看起来很不错或者对你说了有价值的东西时，要告诉他们你的想法。"

赞美客户是需要理由的，我们不可能凭空捏造一个点来赞美客户，这个点一定是我们能够赞美的点，要有一个充分的理由来赞美你的客户。一般来说，我们应该抓住客户最重视、最引以为傲的东西，来赞美对方，也就是说赞美的话要说到点子上，这样才能获得客户的认同与好感。

比恩·崔西是美国的一位图书推销高手，他曾经说："我能让任何人买我的图书。"他推销图书的秘诀只有一条，就是非常善于赞美顾客。

有一天，他出去推销书籍，遇到了一位非常有气质的女士。那时候，比恩·崔西刚刚开始运用"赞美"这个法宝。当那位女士听到崔西是销售员时，脸一下子阴了下来，冷淡地说："我知道你们这些销售员很会奉承人，专挑好听的说，不过，我是不会听你的鬼话的，你还是节省点时间吧。"

比恩·崔西微笑着说："是的，您说得很对，销售员是专挑那些好听的词来讲，说得别人昏头昏脑的，像您这样的顾客我还是很少遇到，我感觉您特别有自己的主见。"

这时，细心的崔西发现，女士的脸已由阴转晴了。她问了崔西很多问题，崔西都一一做了回答。最后，崔西又开始赞美道："您的形象给了您很高贵的气质，您的语言反映了您有着敏锐的头脑，而您的冷静又衬出了您的个性。"

女士听后，开心地笑出声来，很爽快地买了一套书籍。而且后来，她又在崔西那里购买了上百套的图书。

随着推销图书经验的日渐丰富，比恩·崔西总结了一条人性定律：没有人不爱被赞美，只有不会赞美别人的人。

一天，比恩·崔西到某家公司推销图书，办公室里的员工选了很多书，正要准备付钱，忽然进来了一个人，大声说道："这些跟垃圾似的书到处都有，要它干什么？"

崔西正准备向他露一个笑脸，他接着就甩过来一句话："你别到我这儿推销，我肯定不会要，我保证不会要。"

"您说得很对，您怎么会要这些书呢？明眼人一下子都能看出来，您读过很多书，很有文化素养，很有气质，要是您有弟弟或者妹妹，他们一定会以您为荣耀，一定会很尊重您的。"崔西微笑着，不紧不慢地说。

“你怎么知道我有弟弟妹妹的？”那位先生有点兴趣了。

崔西回答：“当我看到您时，您给我的感觉就有一种大哥的风范，我想，谁要是有您这样的哥哥，谁就真的是很幸运的人！”

接下来，崔西和那个人进行了气氛友好的谈话，两人聊了十多分钟。最后，那位先生以支持崔西这位兄弟工作为由，为他自己的弟弟选购了五套书。

崔西在当天的日记中写道：“其实，我心里很明白，只要能够跟我的顾客聊上三分钟，他不买我的图书，那是不可能的。因为，无论做人还是做事，要改变一个人，最有效的方式是，传递信心，转移情绪。”

同时，他也写下了又一条人性定律：“人是感性左右理性的动物。若一个人的感性被真正调动了，那么，他想拒绝你，比接受你还要难。而要想迅速控制一个人的感性，最有效和快捷的方法就是恰如其分的赞美。”

赞美，不是拍马屁、不是讨好、不是奉承，或者说是委婉地拍马屁、讨好、奉承。从“生命能量”的观点来说，赞美是一种能量的转换，对别人赞美的时候，你将获得更多的能量。销售员在赞美客户时，一定要有的放矢，直指客户需求，尤其是情感的需要，“搔到人的痒处”，这才是赞美的王道。

事实上，客户身边的一切都可以成为赞美的话题。就个体客户来说，个人的长相、衣着、举止谈吐、风度气质、才华成就、家庭环境、亲戚朋友等，都可以给予赞美。只要你觉得客户有值得赞美的地方，就要立即说出来，不要因为胆怯而错过时机，尤其是在形势对你不利的时候，更不能丢掉赞美这个武器。

想要长期客户吗？那就把“谢谢”当成一种习惯

中国有句俗语：“大恩不言谢”。这句话的意思并不是受人大恩不需要言谢，而是说感恩是无法用语言来表达的。人要学会了感恩，才能真正快乐。感恩是一个人与生俱来的本性，是一个人不可磨灭的良知。一个连感恩都不知晓的人，肯定不会拥有良好的人际关系。

有些人在谈及自己的成功时，总是把原因全部归结于自己个人的努力。一个人的成功当然跟个人的努力有很大的关系，但也缺少不了别人的帮助。当你因为找不到一个电话号码而焦头烂额的时候，同事向你伸出援助之手；当你身体不适的时候，陌生人送你去医院；当你因为大雨而无法出门的时候，亲人马上拿把伞给你……静下心来，仔细想一想，你的每次行动，哪一次没有别人的帮助？

当你受人帮助之后，对他道一声“谢谢”，在对对方行为表示肯定和尊重的同时，也给对方传递出一种信息。如果你对别人的帮助漠然以对，这样就会大大伤害帮助者的热心。必要时的一声感谢，是对他人劳动成果的起码尊重。

两个人同时去见上帝，问上帝天堂的路怎么走。上帝见两人饥饿难忍，先给了他们每人一份食物。一人接过后连声说“谢谢”！一个却无动于衷，仿佛应该给他似的。最后，上帝只让那个说了谢谢的人上了天堂，另一个人则被拒之门外。

被拒人不服："我不就是忘记说句'谢谢'吗？"

上帝说："不是忘了，没有感恩的心，就说不出感恩的话，不知感恩的人，就不知道爱别人，也得不到别人的爱。"

那人还是不服："少说一句'谢谢'差别也不能这么大呀？"

上帝又说："这没办法。因为通往天堂的路是用感恩的心铺成的，通往天堂的门只有用感恩的心才能打开，而下地狱则不用。"

其实，当我们在感谢他人的同时，也是善待自己的过程。时常把"谢谢"挂在嘴边，你会变得更谦和、可敬且高尚。

心理学家认为，人与人之间存在着"互酬互动效应"，即你如何对别人，别人也以同样的方式给予回报。所以，作为一名销售员，你一定要把"谢谢你"、"我很感激你"这些话经常挂在嘴边。

"我知道您非常重视您的家庭，这次耽误了您太多的时间，但您毫无怨言。说真的，我非常感激您！"

"这次您真是帮了我大忙了！我实在不知道说什么好！"

"我感激您为我所做的一切，也因为有您这样一位客户而自豪！"

当你说完类似的这些话之后，如果对方看上去很震惊或眼角有些湿润，你无须诧异，这只是说明你的谢谢有些姗姗来迟。

在一个闹饥荒的城市，一个家庭殷实而且心地善良的面包师把城里最穷的几十个孩子聚集到一块，然后拿出一个盛有面包的篮子，对他们说："这个篮子里的面包你们一人一个。在上帝带来好光景以前，你们每天都可以来拿一个面包。"

瞬间，这些饥饿的孩子仿佛一窝蜂一样涌了上来，他们围着篮子

推来挤去大声叫嚷着，谁都想拿到最大的面包。当他们每人都拿到了面包后，竟然没有一个人向这位好心的面包师说声谢谢，就走了。

但是有一个叫依娃的小女孩却例外，她既没有同大家一起吵闹，也没有与其他人争抢。她只是谦让地站在一步以外，等别的孩子都拿到以后，才把剩在篮子里最小的一个面包拿起来。她并没有急于离去，她向面包师表示了感谢，并亲吻了面包师的手之后才向家走去。

第二天，面包师又把盛面包的篮子放到了孩子们的面前，其他孩子依旧如昨日一样疯抢着，羞怯、可怜的依娃只得到一个比头一天还小一半的面包。当她回家以后，妈妈切开面包，许多崭新、发亮的银币掉了出来。

妈妈惊奇地叫道："立即把钱送回去，一定是揉面的时候不小心揉进去的。赶快去，依娃，赶快去！"当依娃把妈妈的话告诉面包师的时候，面包师面露慈爱地说："不，我的孩子，这没有错。是我把银币放进小面包里的，我要奖励你。因为你每次拿到面包后，都不忘了跟我说声'谢谢'。回家去吧，告诉你妈妈这些钱是你的了。"

一位金牌销售员曾说："是一种感恩的心情改变了我的人生。当我清楚地意识到我在学历以及待遇上比别人都低时，我没有任何权力抱怨什么。相反的，我对所有的一切都怀抱感恩之情。我竭力要回报别人，我竭力要让他们快乐。结果，我不仅工作得更加愉快，所获帮助也更多，工作也更出色。我很快获得了公司加薪升职的机会。"

人一辈子要感谢的人和事太多：感谢你有一个健康的身体、感谢你的家庭、感谢你的上司、感谢你的同事、感谢你的客户、感谢你的敌人……经常说"谢谢"，久而久之，就会完成平凡与精彩、烦恼与快乐、失败与成功之间的神奇转换，别人也会更乐意与你共事。一个良好的人际关系网就不难建立。

美国一位著名的销售员说："一句没有被促销信息污染的'谢

谢'，能够让你的业绩增长25%。"所以，销售员一定要每天对客户说"谢谢"。客户选择了你的产品，并不是因为你的产品最好，而是他在关照你。你应该对客户的关照表示感谢。

郑州有一家行政性公司，曾靠政府划拨的紧俏物资而生意红火，供不应求，总是有客户上门求购。尽管是高高在上的被求者，该公司一位处长每次和客户谈完业务，总是把客户送到楼梯口，握住客户的手，诚恳地说声"谢谢"。公司的其他人员一直不解，问他："我们公司的产品这么紧俏，我们把产品给他，就是对他们最大的支持，是他应当感谢我们。你为何还要谢谢他呢？"处长笑而不答。

俗话说，三十年河东，三十年河西。市场经济的大潮让众多的行政性公司关门倒闭，这家公司也转制成为经营性公司，处长成了总经理。没有了政府划拨的紧俏物资，但以前的老客户依然和该公司保持着业务往来。尽管生意艰难，该公司依然能够维持运作。

一次，在宴请一位有过十几年业务关系的老客户时，一位业务员趁总经理暂时离席之机，问客户："我们公司经营的产品与竞品比，也没有特别的优势，今天为何还在关照我们的生意？"客户回答："过去，我来求你们时，你们总经理每次都把我送到楼梯口，握住我的手，对我说一声谢谢。今天，我就是为了这句'谢谢'，继续和你们做生意。"

向别人说"谢谢"是一个非常积极的行动。从你那里得到过感谢的人，会希望将来再次受到你的感谢与肯定。所以，他就很有可能由一位新客户变成长期客户。既然客户是你的衣食父母，那你为什么不对你的客户说声"谢谢"呢？

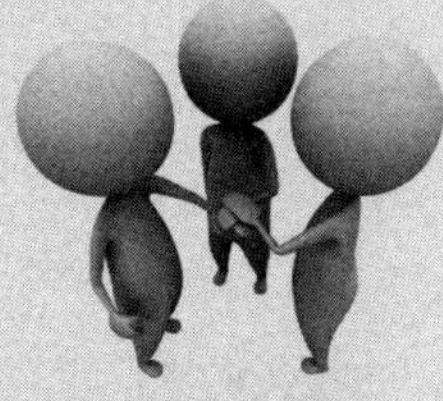

第九章

小动作“出卖”客户大心理

一个人的行为方式往往会在一定程度上反映出他的性格特征，所以销售员想要在短期内读懂客户的心理，就需要对客户的身体语言进行解码分析，这样你就能发现客户身上的“沉默小秘密”，从而读懂对方的心理。

透过面部表情，看穿顾客心思

你知道吗？客户的言谈举止所透露出的信息远比我们所意识到的多得多。客户在做无意识的表情时，常常会反映出他当下的真实情感。这种表情由于出现的时间非常短暂，所以被称为微表情。

微表情是内心流露与掩饰的一种自然反应。我们能够辨认的面部表情有25万种之多，但这仅仅是身体语言中的一小部分。当人们试图掩饰、刻意隐瞒某种心理活动时，内心的真实想法反而可能通过微表情表达出来。每一个表情、动作都有可能成为我们透视他人情感的关键线索。虽然微表情最短只持续1/25秒，但如果知道其含义，还是很容易知道他当时在想什么。

热播美剧《别对我撒谎》中，主人公卡尔用令人惊异的方法轻松破案：没有刑讯逼供、没有物证，只是和爆炸案嫌疑人聊了会儿天，捕捉到了对方耸肩、吸鼻子等几个转瞬即逝的表情、动作，便以此为线索找出了爆炸物的安置点，让人目瞪口呆。

他凭什么线索破的案？答案很简单：微表情。

在销售工作中，客户的表情是销售员把握交易成功与否的晴雨表。语言可以修饰，表情可以伪装，但是本能做出的微表情，却是真实的。精明的销售员会抓住客户的每一个微表情，及时从中推测出客户的心理。

王女士准备买一辆新车，她到汽车销售市场转了一上午，也没有找到一辆合适的车，不是价格不合适就是款式不中意。

下午，她又来到一个展区，漫不经心地看着琳琅满目的车子。这时，一位销售员走了过来，询问她是否买车。王女士皱了皱眉头，随便应付了一句。销售员见她眉头紧蹙，就知道她在买车的过程中碰到了坎，于是安慰她说："太太，我看您好像很累的样子，不如先过来坐一会儿，喝点水，买车最重要的是选择自己喜欢而且价格合适的车，所以要慢慢来，不能急。"

这一句话正中王女士的心意，于是她便坐下来向销售员说起了买车的经过。从王女士的话中，销售员知道了她想要的车的款式和价位，于是便给王女士推荐了一款同类型的车。很快，这桩生意就做成了。

人是感情的动物，情感流露是人的本性。如果销售员在与客户交谈的过程中，能准确地捕捉到客户面部表情所流露的情感信息，就可以轻松掌握主动权，那么，言谈和交往就变得容易多了。

1. 真笑和假笑

当客户真心笑的时候，因为受到颧骨肌和眼轮匝肌的作用，这两块肌肉会同时发力，使嘴角向上眼睛上扬造成"鱼尾纹"，这就是热情又真诚的笑容。

但是当客户假笑的时候，使嘴角向两边拉伸的是笑肌。跟真笑不同的是，这部分肌肉虽然能够有效地拉伸嘴角，但却无法将嘴角向上抬起。

2. 消极

当客户忧伤、生气、沮丧或者受挫的时候，就会抿嘴，也就是把嘴唇闭紧，不让任何东西侵入身体。其实，抿嘴这个动作非常生动又

真实地表现出了客户消极的情感，很少用来表达积极的情绪。

3. 厌烦

厌烦的情绪主要包括叹气、伸懒腰、打呵欠、东张西望、看时间、表情无奈等。如果客户流露出这样的表情，就表示他已经厌倦了和你交谈。这时候，你一定要采取一种与众不同的交谈方式来把客户的注意力吸引回来。

4. 兴奋

客户在兴奋的时候，会表现为瞳孔放大、面颊泛红、搓手、轻松地跳跃等。这是销售工作取得重大突破的标志，你一定要再接再厉，进一步深入引导客户，及时促成交易。

透过眼神变化，洞察客户心灵

正如诗人泰戈尔所说的："眼睛的语言，在表情上是无穷无尽的。像海一般深沉，碧空一般清澈，黎明与黄昏，光明与阴影，都在这里自由嬉戏。"客户眼神的变化可以反映出客户的内心活动。因此，要想成为一名优秀的销售员，一定要学会察言观色，从客户的眼神中看出客户的心理，然后采取有针对性的策略。

小菲是一名保险销售员，一天，他敲开了一家客户的们，开门的是一位中年男子，一看是陌生人，也没有说话，只是用充满敌意的眼神看着她。小菲赶快递上自己的名片，并主动作自我介绍。对方听完后简单地说了句："进来吧！"小菲觉得这个客户肯定比较苛刻，应该小心应付。

进屋后，小菲对自己的业务进行了简单的介绍。男主人一直以怀疑的眼神看着她，而且态度非常冷淡。面对这种情况，小菲说："我们的信誉您可以放心，在这个小区里，已经有很多客户购买了我们的保险，因为我们推出了一种新的业务，非常适合您这样的家庭。对了，前几天一楼的张先生也买了一份，您可以向他咨询一下。"

听完小菲的话后，男主人的脸色终于缓和了下来。就在这时，他家的小孩放学回家了，小菲便拉他和自己一起玩。男主人看到这个情况后，眼神变得柔和起来。最终，经过小菲的耐心说服，男主人终于决定

买她的保险。

小菲在保险销售上的成功秘诀在于善于观察客户眼神的变化，及时捕捉客户内心的想法，并且让对方感受到自己的诚实和自信，这一点是至关重要的。

一个好的销售员，可以不具备良好的口才，但一定要有一定的心理学知识，要能从客户的眼神中看出客户想要表达的想法，只有这样，你才能真正做到和客户的无障碍交流。

一位寒窗苦读十年的秀才过五关斩六将，终于凭自己的实力得到了自己想要的位置——县令。

当他得到这个位置时，第一个想到的就是要去拜见上司。由于是第一次去拜见上司，想不出该说什么话。沉默了一会，他忽然问道："大人尊姓大名？"

这位上司觉得很意外，眼神中充满了怀疑，但还是勉强回答了。

接着秀才又不说话了，开始低头思考，想了很久，说："百家姓里面好像没有大人的姓啊。"

上司更加觉得不可思议，说："我是旗人。你不知道吗？"

秀才一听，突然站起来，说："可否请教大人是哪一旗的？"

上司面带愠色地盯着他，缓缓地说："正红旗。"

秀才说："正黄旗最好，大人怎么不在正黄旗呢？"

上司勃然大怒，问："贵县哪一省的人？"县令说："广西。"

上司说："广东最好，你为什么不在广东？"

县令吃了一惊，这才发现上司满脸怒气，赶快起身告辞。

这就是不会察言观色的结果，如果这位秀才能从上司的眼神中观察出他内心的想法，料想结果就不会是这样了。

医学界认为，眼睛是人的五种器官中最敏锐的，大概占感觉领域的70%以上，因此被称为“五官之王”。中国的先贤孟子也说：“存乎人者，莫良于眸子。眸子不能掩其恶。胸中正，则眸子了焉；胸中不正，则眸子眊焉。听其言也，观其眸子，人焉廋哉？”意思是：“观察一个人，最好莫过于观察他的眼睛。因为眼睛掩盖不了一个人内心的丑恶。心地光明正大，眼睛就会明亮；心地不光明正大，眼睛就灰暗无神。听一个人讲话的时候，注意观察他的眼神，这个人的美与丑怎么能够隐匿起来呢？”

所以，我们在与客户交谈时，一定要留心观察对方的眼神，这样就不会被客户的语言所蒙蔽。

1. 客户的眼睛不与你发生接触

如果客户的眼睛一直关注手头正在做的事情而不理会你的介绍，这说明他对你的产品不认可，不满意。这时候，你应该主动询问客户需要什么样的产品，按照客户的要求介绍产品。

2. 客户闭上眼睛

当我们喜欢某些事物的时候，我们的瞳孔就会放大；相反，当我们不喜欢某些事物的时候，我们的瞳孔就会缩小。我们并不是有意识地控制我们的瞳孔，它们只是对外在刺激和内在刺激在很短时间内迅速地做出反应。当瞳孔没有靠自己缩小到足够小的时候，人们就会潜意识地眯起眼睛。

所以，一旦你发现客户已经闭起双眼，那就表明他已经对你的介绍感到厌烦，或者对你的话题没有兴趣了。此时，你应该换一个客户真正关心的话题，以提起客户的兴趣。

3. 客户的双眼与你对视

如果在你介绍产品的时候，客户用眼睛直直地盯着你，并伴随着赞许的目光或是微微点头等其他动作。那就说明客户已经对你的产品产生了兴趣，你需要趁热打铁，争取一举拿下客户。

通过身体动作，读懂客户心理

幽默戏剧大师萨米·莫尔修曾经说过：“身体是灵魂的手套，肢体语言是心灵的话语。如果我们的感觉够敏锐开放，眼睛够锐利，能捕捉身体语言表达的信息，那么，言谈和交往就容易得多了。认识肢体语言，等于为彼此开了一条直接沟通、畅通无阻的大道。”

在销售过程中，我们想准确地判断出客户内心的真实想法，决不能单纯地听客户说什么，更要观察他的肢体语言。据心理学研究发现，一个人向外界传达的信息中，单纯的语言成分只占7%，语气和声调占到了38%，剩下的55%信息来自于非语言的肢体形态。而且肢体语言通常很少具有欺骗性，因为肢体语言通常是下意识的、不易觉察的。

肢体语言又称身体语言，是指通过头、眼、颈、手、肘、臂、身、胯、足等人体部位的协调活动来传达人物的思想，从而代替语言借以达到表情达意的沟通目的。有些客户不愿意通过口头表达或其他方式透露相关信息，但是他们身体上一些细微的动作却会“出卖”他们。只要留意观察这些小细节，你就能从中捕捉到对销售至关重要的信息。

王云是一家医疗机械设备公司的销售员，一天，她与一家医院达成了协议，展开了谈判。当谈到产品的价格时，客户脸上瞬间变了色，但是客户并没有直接拒绝她的解说。

王云虽然感觉到了客户的怠慢，但还是郑重地介绍了自己的产品，当她介绍到产品优点的时候，反复强调自己的设备对治疗疾病如何如何有效，客户终于不耐烦了，生气地说："好了，这些我都知道，要不然我不可能让你进来，而且我是医生，这些功能我比你懂得多。"

然而，这时王云的脑子想的就是如何推销更多的产品，丝毫没有在意客户的话，居然仍在给客户介绍自己的产品功能，最后客户被彻底激怒了，将她"请出"了家门。

李鹤是王云的同事，他把这名客户接手了过来。在谈到产品的价格时，同样陷入了僵局。客户坚持要求在原有的基础上再降低2%，但李鹤认为，目前的价格已经到最低限度，无论如何也不同意。

此时客户正襟危坐，一脸的凝重，双臂停放在胸口，双手摆出一个"尖塔"状，意在告诉李鹤："反正情况就是这样了，你爱怎么着怎么着，不同意只能停止合作。"

李鹤注意到这一细节后，意识到如果再争执下去，谈判一定会破裂，于是，他决定暂时休会。

半个小时后，双方再次坐到了谈判桌前，而客户的态度也明显缓和了下来。最终，双方都做了一些让步，在合同上签了字。

从这个事例我们可以看出，在很多时候，客户会利用自己的手势、表情等肢体语言来传达自己的思想。因此，销售员在与客户交谈时，一定要集中精力观察客户的反应和身体动作，千万不要让客户离开你的视线。

1. 捂嘴巴

很多人在说谎的时候，总会有一个习惯性动作：捂嘴巴。所以，当你看到客户捂嘴巴的时候，就可以判断出客户可能说了谎。这时候，你需要心平气和地询问客户有什么想法或意见，等他说出来之后，你再选择合适的答复方式。

2. 摸耳朵

当客户摸着耳朵或紧拉着耳朵时，这情形表示他犹豫不决，不能做决定。这时候，你可以向他重复说明产品的优点，以便让他尽快做出决定。

3. 手脚频动

当客户手脚无意识地抖动，并传达出不耐烦、焦躁的情绪时，这表示他对你洋洋洒洒的产品介绍已经失去了耐心。在这种情况下，你应该删繁就简，有针对性地把产品的优点传递给客户。

4. 正襟危坐

在陌生环境中，这往往是身份较低者紧张、重视对方的表现；如果这个人是客户，则说明他可能比较认真、严肃，办事力求周密而严谨，但往往缺乏灵活性。

5. 身体前倾

如果客户身体坐在椅子上，身子向前，倚于桌上，头微微前倾，表示对谈话内容非常感兴趣和重视。

客户的每一个动作都有它独特的含义，销售员要练就一双慧眼，能看到客户的每一个细微动作，并且通过它诠释出客户的心理状态。

通过衣着气质，判断客户身份

社会学家芬克尔斯坦说：“当我们遇到一个显得神秘而难以接近的陌生人时，在没有任何其他办法的情况下，我们总是倾向于以衣着和仪表作为判断他身份的可靠标志。衣着常常被视为个体的社会地位与道德品格的象征，不管是真实的还是人为的。”

从一个人的服饰上，我们常常可以看出这个人的社会地位、文化程度、思想教养等。在我国封建时代，由于政治、经济和习俗等方面的原因，不同社会地位的人，有不同的衣着打扮。因此，人们常以衣着来识别人。

在鲁迅的小说《孔乙己》中，孔乙己是一个十分可悲可怜又可笑的人物。他迂腐，还不愿失读书人的架子，是镇上唯一穿着长衫站着喝酒的客人。

为什么要坚持穿长衫？当代的人很不理解，可旧时的人都能明白，因为穿不穿这件长衫，攸关面子问题。旧时的工薪阶层，劳动人民，都穿短衣，固然为了缝制时省布，更是为了干活时方便。而读书人，进学应考，中举入仕，基本都着长衫，显得潇洒倜傥，“坐中泣下谁最多，江洲司马青衫湿”的“青衫”就是意指读书人的一袭长衫。在孔乙己看来，长衫是一种光荣，是作为读书人的光荣；长衫是

一种骄傲，是拥有知识的骄傲。

古典名著《红楼梦》的作者曹雪芹也是一个服饰设计和审美大师，他笔下人物的服饰就具有展示人物性格和地位的奇妙效果。

他在描写王熙凤出场时这样说道：“头上戴着金丝八宝攒珠髻，绾着朝阳五凤挂珠钗，项上戴着赤金盘螭璎珞圈，裙边系着豆绿宫绦，双衡比目玫瑰佩，身上穿着缕金百蝶穿花大红洋缎窄裉袄，外罩五彩萍丝石青银鼠褂，下着翡翠撒花洋绉裙。”

王熙凤虽然只是贾府的孙媳妇，但她实际上是大观园的掌权者。从她的衣着装束中，就可以看出她的富贵气质和显赫地位。

描写贾宝玉出场时这样说道：“头上戴着束发嵌宝紫金冠，齐眉勒着二龙抢珠金抹额，穿一件二色金百蝶穿花大红箭袖，束着五彩丝攒花结长穗宫绦，外罩石青起花八团倭锻排穗褂，蹬着青缎粉底小朝靴。”过了一会儿，他又换了一身装束：“头上周围一转的短发，都结成小辫，红丝结束，共攒至顶中胎发，总编一根大辫，黑亮如漆，从顶至梢，一串四颗大珠，用金八宝坠角，身上穿着银红撒花半旧大袄，仍旧带着项圈，宝玉，寄名锁，护身符等物，下面半露松花撒花绫裤腿，锦边弹墨袜，厚底大红鞋。”

贾宝玉天生不喜欢读四书五经，整天在胭脂堆里打滚，他说过“女儿是水做的骨肉，男子是泥做的骨肉。我见了女儿便清爽，见了男子便觉浊臭逼人。”所以，他服饰上的图案有明显的女性化的倾向。

不同社会阶层和经济水平的人，在穿着上也是各有特色的，因此，在销售工作中，销售员要学会察言观色，通过客户的服饰来判断客户的购买能力。

王雨是一家广告公司的销售员，一次，她在一家美发店里遇见了一个中年男子，身材很胖，虽然其貌不扬，但是穿的衣服却都是比较名贵的品牌服饰。而且美发店里的人对他都很恭敬，亲切地叫他

“王总”。

“看来这个人大有来头！”王雨想。于是，她便主动上去和他搭话，这位王总还是很谦和、很有礼貌的，两人交换了名片，开始闲聊。当提及他的公司需要在当地做些宣传时，王雨便介绍了自己的广告公司。王总听后觉得不错，就约定到公司详谈。后来，王总同意由王雨的广告公司代理宣传，并签订合同，一笔50万的大单在一次不经意的机会中就实现了。

当然了，我们也不能完全由一个人的衣着就断定他是否有钱。有的人虽然穿得很华丽，但却是一个“绣花枕头”；有的人虽然穿得看似很普通，却很有可能是一名大款。那些暴发户不管怎么刻意修饰，举手投足之间都不可能有世家子弟的优雅，只会给人“煤老板穿西服”的感觉，因为文化的浸染是装不出来的。所以，销售员一定要综合客户的气质、谈吐、衣着等各方面来判断对方的身份地位。

很多年前，美国哈佛的校长为一次错误判断，付出了很大的代价。

一对老夫妇，女的穿着一套褪色的条纹棉布衣服，而她的丈夫则穿着布制的廉价西装，也没有事先约好，就直接去拜访哈佛的校长。

校长的秘书在片刻间就断定这两个乡下土老帽儿根本不可能与哈佛有业务来往。

先生轻声地说：“我们要见校长。”

秘书很礼貌地说：“他整天都很忙！”

女士回答说：“没关系，我们可以等。”

过了几个钟头，秘书一直不理他们，希望他们知难而退，自己走开。

他们却一直等在那里。

秘书终于决定通知校长："也许他们跟你讲几句话就会走开。"

校长不耐烦地同意了。

校长很有尊严而且心不甘情不愿地面对这对夫妇。

女士告诉他："我们有一个儿子曾经在哈佛读过一年，他很喜欢哈佛，他在哈佛的生活很快乐。但是去年，他出了意外不幸去世。我丈夫和我想在校园里为他留一纪念物。"

校长并没有被感动，反而觉得很可笑，粗声地说："夫人，我们是不能为每一位曾读过哈佛而后死亡的人建立雕像的。如果我们这样做，我们的校园看起来就会像墓园一样。"

女士说："不是，我们不是要竖立一座雕像，我们想要捐一栋大楼给哈佛。"

校长仔细地看了一下对方的条纹棉布衣服及粗布西装，然后吐一口气说："你们知不知道建一栋大楼要花多少钱？我们学校的建筑物超过750万美元。"

这时，这位女士沉默不语了。

校长很高兴，总算可以把他们打发了。

这位女士转向她丈夫说："只要750万就可以建一座学校？那我们为什么不建一座大学来纪念我们的儿子？"

就这样，斯坦福夫妇离开了哈佛，到了加州，建立了斯坦福大学来纪念他们的儿子。

可见，衣着虽然是判断一个人身份的标准，但却不是唯一的标准。销售员对客户的观察应该是全面的、深入的，而不能"只认衣服不认人"，仅凭一个人穿着是否华丽就判定他是否有购买能力。这样，你才不至于得罪客户，弄巧成拙。

第十章 用人情留住客户的心

销售工作的核心是人，所以一切有关销售的工作都要围绕着人展开。销售员如果能在短时间内和客户交上朋友，就能迅速打开一条销售的康庄大道。在和客户交朋友的过程中，一定要抱着真诚的心态，只有真心才能换来真心。

做业务就是交朋友，朋友越多业绩越好

在这个世界上，友谊共分为三种。第一种，两人有共同的兴趣爱好，双方都信赖、接受彼此，不存在利益关系；第二种，为了一些目的而互相交往，双方都能从对方那里获取利益，彼此都不吃亏；第三种，单纯地为了利用别人而交往，等目的达成后便一走了之。

销售员与客户产生友谊，主要是因为双方有利益关系存在，所以，销售员与客户的友谊应属于第二种。

“美国销售之父”杰弗里·吉默特说：“人们更喜欢从朋友而不是从销售员那里买东西。”所以，做销售的过程就是一个交朋友的过程，朋友做成了，销售自然而然就成功了。

威尔逊是一位保险经纪人，打高尔夫球是他最喜欢的娱乐活动之一。他有一个首要原则，就是在打高尔夫球时不谈生意。威尔逊习惯把个人生活与生意区分开来，他不希望别人认为他利用关系是为了做销售。

约翰是一家建筑公司的经理，有一次与威尔逊在俱乐部玩高尔夫球双人赛。他们在一轮又一轮的比赛中玩得很高兴。两人球技不相上下，年龄相仿，兴趣相投，随着时间的推移，他们的友谊逐渐加深。

很显然约翰是威尔逊再好不过的潜在客户。然而，威尔逊从未向约翰建议说做他的证券经纪人，因为那样就违背了自己的原则。

威尔逊和约翰有时会讨论一些有关某个公司某个行业的问题，约翰也想知道威尔逊对证券市场的总体观点。虽然威尔逊从不回避回答这些问题，但也从未表示非要为约翰开个户头。

约翰总会时不时地要威尔逊帮他分析一些报告，而威尔逊也总是很乐意地帮忙。

一天，他们不约而同地去了常玩的那家俱乐部，约翰把手放在威尔逊肩膀上说："威尔逊，你帮了我很多忙，我知道你在那行做得很出色，但你从来不向我提出让我也成为你的客户。"

"嗯，我从没这样想过。"威尔逊说。

"威尔逊，现在我要跟你说件事，"约翰微笑地说，"我要在你那儿开个账户。"

威尔逊也笑着让他继续说下去。

"威尔逊，据我所知，你有良好的信誉。就以你从未劝我做你的客户这点来看，你就很值得我敬佩，实际上我也基本遵守这一点。我同样不愿意与朋友在生意上有往来。但是，现在我希望你能做我的证券经纪人，可以吗？"

接下来的星期一上午，约翰就在威尔逊那里开了个账户。随后，约翰成了威尔逊最大的客户。后来，他还给威尔逊介绍了几个家庭成员和有生意往来的人。

由此可见，人脉是比金钱更重要的成功资本。一位商界精英曾感慨地说："我认为我这一生最让我感到踏实的就是我交到了一些真正的朋友，我相信就是明天我的企业什么都没有了，从头做起，我用3天时间就还能够再赚几百万。为什么？因为我那些朋友中至少有相当一部分还会认同我，有了他们，我就有可能再干起来，所以我是很轻

松，很放心的。”

销售活动都是建立在人脉的基础之上的，而人脉的核心就是友谊。如果你一见到客户就拿出自己的产品，往往会把客户吓跑。客户会这样想：“你不是要和我做朋友，而是要赚我的钱。”所以，销售员应该培养自己的亲和力，要让客户感觉到，你是真的把他当成朋友。这样，客户才会放下芥蒂，放心地购买你的产品。

一天，保险销售员布朗带着朋友的介绍卡，来到油桶制造商威廉姆斯先生的办公室里。

“威廉姆斯先生，您好！我是人寿保险公司的布朗。我想您大概认识皮尔先生吧！”布朗一边说话，一边将自己的名片和皮尔亲笔写的介绍卡递过去。

威廉姆斯不等布朗说完，便不耐烦地打断他的话：“你是我今天所见到的第3个销售员，看到我桌子上堆的那些文件了吗？要是我整天在这里听你们销售人员吹嘘，什么事都别想做了，所以我请你帮帮忙，不要再来做销售了，我实在没时间跟你谈什么保险！”

布朗不慌不忙地说：“请您放心，我只占用您几分钟的时间，我来这里的目的只是希望认识您。如果可以的话，想跟您明天约个时间见个面，再过一两天也可以，您看是中午还是下午好呢？我们的见面大约20分钟就够了。”

威廉姆斯很不客气地说：“对不起，我没时间见你们这些销售员！”

布朗并没马上告辞，也没有说什么。他知道，要和威廉姆斯继续谈下去，必须想别的办法才行。于是他弯下腰很有兴趣地观看摆在威廉姆斯办公室地板上的一些产品，然后问道：“威廉姆斯先生，这都是贵公司的产品吗？”

“不错。”威廉姆斯冷冰冰回答。

布朗又看了一会儿，问道："先生，您在这个行业做了很长时间了吧！"

"嗯……大概有10年了！"威廉姆斯的态度有所缓和。

接着布朗又问："您当初是怎么进入这一行的呢？"

威廉姆斯看了布朗一眼，脸上开始露出柔和的表情，对布朗说："这件事就说来话长了，我17岁时就进了一家大企业，在那里为他们卖命一样地工作近10年，可是到头来只不过混到一个部门主管，做什么事情都要看别人的脸色，所以我下了狠心，想办法自己创业。"

布朗又问道："请问您是德克萨斯人吗？"

这时威廉姆斯已完全不生气，也不像之前那样不耐烦了，他告诉布朗自己并不是德克萨斯人，而是瑞士人。

听说是一个外国移民，布朗吃惊地问威廉姆斯："那真是更不简单了，我猜想您很小就移民到美国了，是吗？"

这时威廉姆斯脸上已露出笑容，自豪地对布朗说："我12岁就离开瑞士，先在法国待了一段时间，然后决定到美国来打天下。"

"这真是太传奇了，我猜想您要建立这么大的一座工厂，当初一定筹措了不少资金吧？"

威廉姆斯微笑着继续说："资金？哪里来的资金！我当初开创这家厂时，口袋里不到300美元，但很高兴的是，我的公司现在已有300万美元的资本了。"

布朗又看了看地上的产品道："我想，要做这种油桶一定要靠非常特别的技术，要是能看看工厂的生产过程一定很有趣。您能否带我参观一下您的工厂呢？"

"当然没问题。"

此时威廉姆斯再也不提自己是如何如何的忙，他一手搭在布朗的肩上，兴致勃勃地带着他参观了他的工厂。

后来，两人迅速成了好朋友。自那以后的17年里，布朗陆续向威

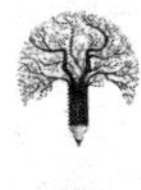

廉姆斯和他的5个儿子卖了20份保单。

如果你每天认识4个人，并与其中的2人成为朋友，那么一年下来，你就拥有了730个朋友，3年后，你就会拥有一张庞大的潜在客户网。只要你善于开发，每一个人都会成为你事业中重要的客户。

要想得到回报，先满足他人

曾经有一位金牌销售员这样说过："销售是一种压抑自己的意愿去满足他人欲望的工作。毕竟，销售人员不是卖自己喜欢卖的产品，而是卖客户喜欢买的产品，销售人员是在为客户服务，并从中收获利益。"因此，在销售活动中，你必须明白付出才有回报的道理。在客户急需帮助的时候，你给予他无私的帮助，这样他不但会记住你，感谢你，还会在你有特殊需要的时候，给予你很大的回报。

一位爱好登山的销售员在山中突遇暴风雪，在风雪茫茫中迷失了方向。这场暴风雪突如其来，他的御寒装备严重不足。他知道自己除非尽快找到避寒处，否则非冻死不可。可是他没走多远，四肢冻得已开始麻痹，他知道自己时间已不多了。

就在这时候，他在路上遇到另外一个人，那个人躺在地上，一动不动，原来他已经快冻僵了。销售员停下来，他发现自己面临了一个困难的抉择：他应该继续赶路为求拯救自己呢？还是设法救助雪中垂危的陌生人呢？

转瞬之间，他就下定了决心，设法救助陌生人。他迅速脱下湿手套，跪在那个垂危的人身边，按摩他的手臂和双腿。那个人终于血脉

流通，四肢能够活动了。他们两人相互支持，患难与共，最后终于得到了救援，他们生还了。

脱困之后，这名销售员才知道，那个冻僵了的人是一个大公司的老板，因为销售员救了他的性命，要给予他一些股份作为报答，但是被销售员拒绝了。

后来，销售员在一次自然灾害中双腿受伤，需要很大一笔医疗费用，正在他焦急万分的时候，那位他曾经救助过的老板来了，付了全部的医疗费用帮助他渡过了难关。

销售员事后回忆说："一个人在帮助别人的同时，事实上也是在帮助自己。"

"予人方便，予己方便"，当你无意中帮了他人，或是维护了集体利益，终有一日，你会发现，你的付出没有白费，你得到了厚报。

有时候，你太执着于自己的目标、理想和利益，而忽略了周围其他人的利益，这样一来，你就会被孤立，需要孤身一人来面对生活中的种种困境，最终会精疲力竭，难以达成目标。而当你事事为他人考虑的时候，他人必定会承你的情，并会在合适的时候，加倍地回报于你，许多困难，说不定不用你开口，别人已替你解决了。

一名教徒很想知道天堂到底是什么样子。

他问先知伊利亚：地狱在哪里？天堂又在哪里？

伊利亚没有回答他，而是拉着他的手领着他穿过了一个黑暗的过道，来到一个殿堂，他们跨过了一个铁门，走进了一间挤满了人的大屋，这里有穷人也有富人，有的人衣不蔽体，有的人则佩金戴玉。

在屋子当中，有一个熊熊燃烧着的火堆，上面吊着一个大汤锅，锅里的汤沸腾着，飘散着令人垂涎的香味，汤锅的周围，挤满了面黄肌瘦的人们。他们每个人手里都拿着一个好几尺长的大汤勺。舀汤的一端是个铁碗，勺把是木制的，这些饥饿的人们围着汤锅贪婪地舀着，由于汤勺的柄非常长，一勺汤又非常重，即使是身体强壮的人也不可能把汤喝进自己嘴里，而不得要领的那些人不仅烫了自己的胳膊和脸，还把身边的人也烫伤了，于是，他们相互责骂，进而用汤勺大打出手。

先知伊利亚对那个教徒说："这就是地狱！"

然后，他们离开了这间屋子，从一条昏暗的过道走了好一阵子来到另一间屋子。同前面一样，屋子中间有一个热汤锅，许多人围坐在旁边，手里拿着长柄汤勺，也是木制的柄铁制的碗。除了舀汤声外，只听到静静的满意的喝汤声，锅旁总保持两个人，一个舀汤给另一个喝。如果舀汤的人累了，另一个就会拿着汤勺来帮忙。

先知伊利亚对教徒说："这就是天堂。"

你在照顾别人利益的同时，往往也实现了自身利益的最大化。互相帮助就是天堂，互相嫉妒就是地狱。当你为别人的需要而付出的时候，你的人生也会因此而得到升华，你将获得比付出更多的回报。

做销售也是如此，销售员要时时刻刻站在客户的角度，真正关心客户的疾苦，在力所能及的范围内助其一臂之力。当你为客户帮了忙后，就等于送给客户一个大人情，客户还人情最好的办法就是购买你的产品。

有一天，松下幸之助去一家电器商店看望一位老朋友。这位朋友不断抱怨生意难做。他说："真不知道我这个小店还能维持多久！为什么您的生意越做越大，无论景气不景气您都能赚钱，有诀窍吗？"

"做生意的诀窍，无非一个'信'字，然后用心去做。"松下说。

"我这个人一向很讲信用，从不卖质次价高的商品，这一点想必您是知道的。说到用心，我也想过一些促销办法，就是生意不见

起色。"

松下含笑道："是这样吗？"

这时，一个小孩蹦蹦跳跳跑进来，说："伯伯，我买一个灯泡，要40瓦的。"

朋友停止谈话，转身取出一个灯泡，在灯座上一试，是好的。然后交给小孩，收钱。小孩又蹦蹦跳跳跑出去了。

松下看着远去的小孩，问朋友："平时你都这样做生意吗？"

"是的。有什么不对吗？"

"这样做是发不了财的。"

"为什么？"店主惊讶地问。

松下说："这样做生意太不用心了！那孩子来买灯泡时，你为什么不多跟他聊几句呢？比如：'小朋友，上几年级了，长得可真高啊！'拿灯泡给他时说：'回去告诉妈妈，如果灯泡不好用，就来退换，好不好？'孩子将话带回去，他们全家都知道这儿有一个很热情的店主，下次买电器，肯定来找你。"

朋友频频点头，觉得确有道理。

松下又说："还有，那孩子蹦蹦跳跳跑出去时，你为什么不提醒他走慢些呢？万一灯泡因此损坏，他家里人即使不来找你，也会对你的商店留下不好的印象吧！"

店主恍然大悟，顿时明白松下为什么能成为大商人，为什么在景气和不景气时都能赚钱。

人是有理智、有情感的高级动物，你对客户体贴入微，他们感之于心，自然会特别关照你的生意。双眼只盯着客户的钱包，一门心思考虑如何让客户把钱乖乖掏出来的销售员是不会有多大出息的，因为他们没法和客户进行心灵上的沟通，自然，客户也会捂紧自己的钱包。

约翰任职于一家大型机械制造公司。有一次，他被指定向一家大公司销售产品。经过调查，约翰了解到，只有这个公司的总经理才有大宗物品的采购权。于是，约翰决定前去拜访他。

当约翰被领进总经理办公室时，有位年轻的女子从门外探头告诉总经理，她今天没弄到邮票。

总经理对约翰解释说："我在替我那10岁的儿子收集邮票。"

约翰说明了来意，并开始介绍产品。但那位总经理却显得心不在焉，他言辞闪烁，根本无心向约翰购买产品。就这样，约翰的第一次造访失败了。

该怎样说服那位总经理呢？约翰绞尽脑汁，突然，他想起了那位年轻女子的话。正巧，约翰的妻子在银行业务部工作，她收集了许多邮票，那些邮票是从五湖四海的来信上剪下来的，一般人很难弄到。

第二天下午，约翰又去拜访那位总经理。约翰对传话人说："请转告你们的总经理，我为他儿子弄到了一些邮票。"

总经理满脸堆笑地接见了约翰，他一边翻弄那些邮票，一边不断地说："我的乔治一定喜欢这张，看这张，这是珍品！"

总经理还兴致勃勃地拿出儿子的照片来，他们谈了差不多半个小时的邮票。

在接下来的一个小时里，总经理主动把公司的采购要求向约翰和盘托出，最后向约翰购买了5件大型机械产品。

销售员与客户之间既然是合作关系，相互帮忙是自然的事。而且帮忙应不局限于业务上的往来。如果销售员能做到关心客户的家人及朋友，就会满足客户的心理需求，客户也会撤离心理防线，把销售员当朋友看待。

多做一些贴心的小事

俗话说："爱出者爱返，福往者福来。"销售是一项长期的事业，作为一名有长远眼光的销售员，你不妨在销售初期为客户做一些贴心的小事，与客户建立起深厚的感情，时间一长，客户就会来主动购买你的产品。

美国汽车大王福特说过这样一句话："假如有什么成功秘诀的话，就是设身处地替别人着想。"

沃尔玛百货有限公司的创始人山姆经常对员工说："让我们以友善、热情对待顾客，就像在家中招待客人一样，让他们感到我们无时无刻不在关心他们的需要。"

曾任美国饮料大王百事可乐总裁的安瑞克说："只要你心里一直记挂着顾客，向他们提供所需要的服务，那么，其他一切便会自然而来。"

有一次，小陈上门给顾客送产品时，听顾客说，他隔壁住了一位老太太，先生早逝，儿女都在海外，身体情况不太好。小陈心里就想，也许公司的营养保健食品对她会有所帮助。于是，小陈就在顾客的引见下登门拜访。知道小陈的来意后，老太太婉拒地说："我不太相信什么保健品，就连儿女买的保健品还有很多没开封呢。”

离开后，小陈总是记挂着这位孤独的老人，每逢去那位顾客家送货时，都要去老人家坐坐，陪她聊一会儿天。没想到有一天，老人向来看她的小陈认真咨询起营养品的功用，还请小陈针对自己的身体情况推荐几款。

生意就这样做成了，就连小陈自己都有些纳闷：自己再也没向老人推销过产品，她怎么会有180度的大转弯呢？老人说：“在这些微不足道的小事上，你都能够想得这么周到，那么，跟你做生意还有什么不放心的呢？”

在营销界有这样一句名言：“客户的事再小，也是大事；自己的事再大，也是小事。”所以，站在客户的立场上，设身处地地为客户着想，多做一些贴心的小事，这是决定成功的重要因素。

迪士尼公司为观众和客人提供的优质服务，使游客在离开迪士尼乐园以后仍然可以感受得到。迪士尼的一项调查发现，平均每天大约有2万游人将车钥匙反锁在车里。于是迪士尼公司雇用了大量的巡游员，专门在公园的停车场帮助那些将钥匙锁在车里的游客打开车门——这一切，无须给锁匠打电话，无须等候，也不用付费。这一颇重细节的服务为迪士尼公司带来了更多的顾客。

一个法国人到美国去旅行，她在一家皮鞋商店的进口看到一个牌子上写着：“超级特价，只需一折！”她看了看这些特价皮鞋，突然发现了一双漂亮的红色皮鞋，她拿起来看了看，皮鞋质量很好，而且是名牌，这双鞋她在别的地方已经看过好几次了，因为价格太贵而放弃了购买的愿望，现在这么便宜的事居然让她碰上了。

她于是急忙招呼工作人员过来，然后询问道：“这双鞋确实是7美元吗？”工作人员把鞋子拿了过去，然后说：“您稍等！”然后就

回到服务台去了。

没过多久，工作人员又回来了，手里拿着那双红色的皮鞋对她说："没错，这两只鞋的确是7美元。"

"两只鞋？难道这不是一双鞋吗？"法国人问。

工作人员说："在你决定购买之前，我一定要把真实情况告诉你。我们的服务宗旨是诚实守信。我们知道您的时间很宝贵，但还是希望您能听完我说的话。因为如果您回去后觉得不合适，再来找我们的话，更是浪费您的时间。我必须告诉您，这是两只鞋，皮质、尺码、款式都是相同的，只是颜色稍微有一些差别，您不仔细看是看不出来的。出现这样的情况，原因是以前的顾客弄错了，各拿了两双鞋的一只，所以这并不是一双鞋。我们每售出一双鞋，决不留任何隐患。如果您知道真相不想买了，我们也不会说什么。我们要做的只是诚实。"

这样真挚的话感动了法国人，知道真相后她不仅没有后悔，反而更想买这两只鞋了。而且除了这两只鞋外，她还购买了另外两双鞋。周围都是卖鞋的商店，但她毫不犹豫地就在这一家商店里买了三双鞋。

不仅如此，以后每当她到美国出差的时候，都要抽空到这个商店里买几双鞋。而且从来不在其他的商店门口徘徊，而是直接来到这家商店。

任何小事都不是孤立的，都是和大事联系在一起。小事是大事的组成部分，小事积累多了就是大事。鲁迅先生曾针对小事情说过这样一段精辟的话："巨大的建筑，总是由一木一石叠起来的，我们何妨做做这一木一石呢？我时常做些零碎的事，就是为此。"从鲁迅的话中，我们可以深刻地体会到做好小事情的重要性。

对于每一名销售员而言，如果你不想被客户抛弃，不想被竞争对手打倒，那么就不要给对方任何一个可乘之机——做好每一件小事，处理好每一个细节，让你成为无懈可击的人，这样才能保持不败。

有一个矿泉水销售员叫戴维尔，每天骑着自行车奔波在城市的大街小巷、公司厂矿。因为当时罐装矿泉水刚刚推出，人们还不是很认可，他的收获并不大，最初的一个月只推销出去十六罐。他的工资很低，不过是象征性的二百元，因为他主要是赚取效益工资，每推销出一罐矿泉水提成五毛钱。

第二个月，他新联络到三十二个用水客户。

第三个月，他依然满怀信心地奔波着。

这天，他骑着自行车驮着一罐矿泉水去五公里外的一家居民送货。用水居民家只有一位坐在轮椅上的老妇人，在他帮助老妇人将水罐装到饮水机上的时候，家里的电话响了……装好水罐，在等待老妇人签收的时候，他和老妇人简单交谈了解到，老妇人家来了外地客人，因为不知道她家的具体位置，打电话让老妇人家里人去车站接，而老妇人的儿子却出差去了外地，保姆又刚刚出去买菜了，老妇人一副很为难的样子。这个销售员也是个热心人，他试探着表示他可以去车站帮助接客人。他下了五楼，到汽车站将老妇人的客人接回家来了。

一周后，他不断接到老妇人居住的那栋楼住户的订水电话。两周后，老妇人的儿子打来电话，说他所在的公司决定从戴维尔这里订水。

此后，还是不断有新的订水电话打来，说都是那些用水客户介绍来的。第三个月，他的推销成绩猛增到六百罐。他想自己的成功应该归功于老妇人。

有一天又来到老妇人家送水的时候，他特意表示感谢。老妇人却笑着对他说道："应该感谢的是你自己。因为你帮助了我，我就将你介绍给了我的邻居和我做经理的儿子，建议他们都用你的水，因为像你这样乐于帮助别人的人，是一个值得信任的好人。这样，我的邻居

和儿子又相继将你推荐给了别的用户……”

半年后，他已经拥有了四千多个用水客户，每个月都能销售出去八千罐水，他的出色业绩使他很快被提升为区域销售经理。

也许你会认为这些都是不起眼的小事，但在销售工作中，这些小事却决定了你工作的成败。只为销售而做的服务会带有很大的功利性，销售员只有用无私的服务才能打动客户的心。比如：记下客户的重要行程，并且提醒他；在客户生日那天给他真诚的祝福；留意客户喜欢抽什么烟、喝什么饮料，并及时准备好……

销售员为客户提供的服务越到位、越体贴，所取得的效果就会越明显。所以，只要你把与客户有关的每件小事都做精做细，就会轻松自如地取得非凡的销售业绩。

人走了茶也不要凉

京剧《沙家浜》中的阿庆嫂有一段唱词：“垒起七星灶，铜壶煮三江。摆开八仙桌，招待十六方。来的都是客，全凭嘴一张。相逢开口笑，过后不思量。人一走，茶就凉。有什么周详不周详。”“人一走，茶就凉”常常用来表示世态炎凉，当你再不能给别人提供好处或利益时，别人就会渐渐疏远你。

而在销售活动中，往往也有“人一走，茶就凉”的情况出现。很多销售员在客户购买了自己的产品之后，便将客户从自己的生活中彻底删除，再也不联系了。曾经有一位企业家有一天忽然心血来潮，想算算自己买过多少部车，结果是7部，而这7部车分别是由7个销售员推销给他的。但让他感到奇怪的是，这7个人在钱到手之后，就像空气一样消失了，再也没跟他联系过。

有些销售员只重视吸引新客户，却不懂得拉拢老客户，这就造成了大量的客户和金钱的流失。比如某位销售员在一年内失去了100个老客户，而同时又得到了100名新客户，从表面看来销售业绩没有受到任何影响，而实际上为争取这些新客户所花费的宣传、促销等成本显然要比保持老客户昂贵得多，这显然是不经济的。所以，销售员一定要强化自己的服务意识，增加人情服务，让老客户对你形成依赖感。

乔·坎多尔弗是世界销售大师，他12岁丧母，少年生活艰辛。1958年，他毕业于美国迈阿密大学数学系。同年夏天，他成了一名职业棒球运动员。1959年，他告别棒球队，和妻子卡罗一道来到佛罗里达。在那里他成了一名数学老师。

1960年，坎多尔弗的第一个孩子出生，经济日益拮据。为了使餐桌上的饭菜丰盛起来，这年夏天，在妻子的鼓励下，坎多尔弗开始尝试人寿保险推销。在他的不懈努力下，第一年就收入3.5万美元，相当于他当老师12年的收入。1976年，坎多尔弗的推销保额达10亿美元，成为美国最富的销售员之一，因此，被尊称为寿险推销大王。

坎多尔弗与他的客户保持着紧密的联系。在成交之后，坎多尔弗还要给他的客户写信或打电话，让客户知道自己有多么感谢他。

坎多尔弗打电话给客户："汤姆，我现在感谢您昨天订购我公司的货物，我真感谢有机会同您做买卖。如果有什么需要我帮忙的话，请给我打电话。"

坎多尔弗或是给客户写便条："亲爱的约翰，祝贺您今天下午对于您家庭生活保险的新决定。如果我今晚不祝贺您，我就感到太晚了。这确实是建立未来美好金融规划的重要步骤。我希望我们的会面是今后长期持久联系的开始。再一次感谢您与我们做的生意，并盼望着您每件事的成功。"

坎多尔弗还会定期给老客户寄生日卡片或圣诞卡片。

有一次，有位成功的企业家对坎多尔弗说："我非常喜欢你寄给我的卡片。"

"为什么？"坎多尔弗问。

"因为你寄的卡片与其他人的不一样。"

"怎么不一样？"

“每张卡片都有独特和亲切的人情味。”

坎多尔弗还会定期拜访老客户，向他们了解目前的家庭状况和企业发展的状况。

坎多尔弗自豪地说，他一天24小时都在打电话，包括周末。他说：“一个销售员没有任何借口不与老客户保持不断联系。”

中国有句古话叫：“平时不烧香，急来抱佛脚。”其实在这种情况下，再灵的佛都不会帮助你，因为你平常心中就没有佛，有事才来恳求，佛怎会当你的工具呢？所以，我们应该平时多烧烧香，这样才能显出你的诚意来。在事到临头之际，佛也会念在你往日情谊的份上帮助你。

“成交之后仍然和客户保持联系”是一名优秀的销售员必须做到的。因为如果不能随时与老客户保持联系，那么销售员实际上就是在白白浪费自己辛辛苦苦建立起来的客户资源。销售工作就是建立人脉的工作，人脉如同树脉，一棵小树苗要想长成参天大树，必须要有无数强壮的根脉供给它营养，这样你才不会枯萎。

销售员赵骅3年前到一个小镇上做了一份仅有几百块钱的业务，客户姓夏，她给自己3岁半的儿子买了保险。

一晃3年过去了，赵骅大部分业务已都在城区开展。随着时间的推移，赵骅在城里的客户越来越多，业务也越来越忙。渐渐地，她便把乡镇的那位年交保费不足千元的老客户忘得一干二净。

年底了，公司号召回访老客户，赵骅在翻阅客户资料时，突然发现了这位3年前的老客户，心想：不管客户交费多少，同样都是客户，3年了，也该去看看这位老客户了。于是，赵骅带上两本2009年的台历，乘车来到了这个小镇，直奔客户夏家。

“您好，夏大姐！我来看您和孩子了……”赵骅笑着打招呼。

赵骅的到来令夏女士既高兴又意外："你是……保险公司的吧？"

"是的，您孩子的保险是在我这买的！"

"你们公司想得真周到，还麻烦你特意跑到这个穷乡僻壤看我……"

听完夏女士的话，赵骅真后悔自己没早点来看她。

有一首歌唱得好："结识新朋友，不忘老朋友。"同理，开拓新客户，不要忘记老客户，常联系，常去看看他们，不然你会失去很多！

激励大师安东尼·罗宾说："人生最大的财富便是人际关系，因为它能为你开启所需能力的每一道门，让你不断地成长，不断地贡献社会。"卡耐基也说："一个人的事业成就85%来自人脉关系，只有15%来自专业知识。"你所拥有的客户是一项很重要的人脉资源，尤其是在销售行业中。所以，请记得多关心关心老客户吧，他们会送给你很多新客户。

客户并非永远是对的，但与客户争论则永远是错的

在我们的工作与生活中，常常会出现这样的情形：在一起讨论问题的双方，由于某方面意见不合而争论不休，吵得面红耳赤，谁都不让着谁，最终拍案而去，老死不相往来。

富兰克林说：“如果你老是抬杠、反驳，也许偶尔能获胜；但那是空洞的胜利，因为你永远得不到对方的好感。”在与人发生争执时，最好的办法应该是后退一步，而不是顶风而上。电视剧《潜伏》有句台词“有一种胜利叫作撤退”。从某种意义上来讲，有时的退一步，其实就等于进了两步。

第二次世界大战结束不久的某天晚上，卡耐基在伦敦参加史密斯爵士举办的宴会。宴席中，坐在卡耐基右边的一位先生讲了一个幽默的故事，并引用了一句成语，大意是“谋事在人，成事在天”。他说这句话出自圣经。

“什么？《圣经》？”卡耐基知道这句话不是出自《圣经》而是出自莎士比亚的《哈姆雷特》。为了表示自己的优越感，卡耐基当即纠正了这位先生的错误。不料却引起了对方的反唇相讥：“你说是出

自《哈姆雷特》？不可能！绝对不可能！那句话确确实实出自《圣经》。”

卡耐基的老朋友葛孟先生也在场，他研究莎士比亚的著作已有多年。这时，却在桌下用脚踢了踢卡耐基，说道：“卡耐基，你弄错了，这位先生是对的，这句话的确是出自《圣经》。”

回家的路上，卡耐基不解地问葛孟：“你不是明明知道那句话出自《哈姆雷特》吗？”

“是的，”葛孟回答道，“《哈姆雷特》第五幕第二场。可是卡耐基，我们是宴会上的客人，为什么一定要证明他错了呢？那样会使他喜欢你吗？为什么不给他留些面子？卡耐基，你为什么一定要跟他抬杠呢？应该永远避免跟人家正面冲突。”

永远不要与人争论，因为十之八九，争论的结果会使双方比以前更相信自己绝对正确。有一些销售员在与客户相处时，一旦客户对产品提出异议或不满，就想尽办法与客户争辩一番，试图通过争论说服客户。事实上，这是极其幼稚的做法。

美国心理学家约翰·格雷曾写过一本畅销书叫《男人来自火星，女人来自金星》。在他看来，男人与女人之间难于沟通，原因就在于男人错误地期待女人按照他的方式进行思考和交流，做出他设想中的反应，而女人则错误地期待男人按照她的方式加以感受和沟通，表现出她所期待的姿态。最后的结果是：女人总是在抱怨“你总也不理解我之所求”，男人总是在抱怨“你总是不满意我之所予”。

格雷所描述的这种状态恰好可以用来形容销售员与客户之间的关系。在与客户打交道的过程中，很多销售员总是不自觉地把对方当作一个专业人士，不厌其烦地向客户灌输本产品的优点和性能。结果，不但没能说服客户，还伤害了对方的自尊心，两败俱伤。

销售员：“先生，您好，昨天您来这里看了我们公司的矫形床，我想了解一下，您现在觉得这床怎么样？适合您吗？”

客户：“一些功能倒是挺好的，只是这种床太硬。”

销售员：“硬吗？应该不算硬啊！”

客户：“是有些硬，尽管我并不要求这是张软床，但它真的太硬了，我有点担心。”

销售员：“您昨天不是说，您背部需要东西支撑吗？这张床正适合您！”

客户：“我昨天说这话了吗？我怎么不记得了？”

销售员：“您肯定说了，您昨天就站在这儿说的！”

客户：“好吧！不过，我的医生说如果床太硬，对我的病情所造成的危害不亚于软床。”

销售员：“您怎么过了一天就变卦了呢？昨天您不是还说这种床挺适合您的吗？”

客户：“不适合，我觉得各个方面都不适合。”

销售员：“可是您的病情离不开这种床啊，如果有这种床可以很快好起来的。”

客户：“我有治疗医生，这不用你操心。再见！”

销售员在向客户推销产品时，客户往往会说一些很有争议的话题，这时候，你千万不要与客户争辩，即使你赢了，你最终还是输了。因为“一个人即使口服，但心里并不服。”正如一位客户所说的那样：“不要和我争辩，即使我错了，我也不需要一个自作聪明的销售员来告诉我；他或许是辩赢了，但是他却输掉了这笔交易。”

老子在《道德经》里说：“不自见，故明；不自是，故彰；不自伐，故有功；不自矜，故长；夫唯不争，故天下莫能与之争。”意思是说：不显示自己，不自以为是，因而更显耀突出；不夸耀自己，因

而有功绩；不自以为贤能，因而受到尊重；只有那不与人相争的，世界上没有人能和他相争。

日本的白隐禅师，道行高深，负有盛名，他的故事流传的很多，其中最有名的是这样一个：

白隐禅师所在的寺院附近住着一户人家，家里有一个非常漂亮的女儿。忽然有一天，夫妻俩发现女儿的肚子大了起来，这使他们非常生气，好端端的一个黄花闺女，竟做出这种见不得人的事。起初，她不肯说出那个男人是谁，后来，在父母的威逼下，她终于说出了“白隐”两个字。

她的父母迫不及待，气势汹汹地找到白隐，狠狠地将白隐痛骂了一顿。可是，白隐并没有生气，只是若无其事地说道：“就是这样吗？”

等孩子出生后，她的父母就将孩子送给了白隐。这件事给他造成了很坏的影响，几乎使他声名扫地，但他并没有因此放弃孩子，而是非常细心地照顾好孩子，四处乞求婴儿所需要的奶水和其他用品，在遭到别人的白眼和羞辱时，他总是泰然处之。

在白隐禅师精心呵护下，孩子一天天地长大了。看见可爱而又可怜的宝宝，这位孩子的妈妈再也忍受不了良心的谴责，她向父母吐露了真情：孩子的生父是一位年轻的书生。

她的父母立即带她来到寺院，向白隐禅师道歉，请求他的原谅，并要带走孩子，为他挽回声誉。

白隐禅师还是像当初那样，不急不火，淡然如水，更没有趁机训斥他们。他只是在交还孩子时轻声说道：“就是这样吗？”

不争就是智慧，不辩就是慈悲。对于任何人任何事，我们都应该心平气和地解决。纽约房地产商威廉·哈芒卖出过总价值超过2亿美元的房子。他最爱说的是众所周知却又总被忘记的一句话：“销售员最大的禁忌，就是与客户争论。争论就是一种竞争，而任何人都不想在竞争中失败。”

面对客户的责难或者异议，你最好的办法就是保持平静，并控制你的情绪，然后用事实证明给他们看。任何一个销售员都要牢记，与客户沟通时不管出现什么情况，都不要跟客户起争执。

学会说“这是我的错”

美国著名的心理学家纳特·史坦芬格做过这样一个试验：要求4名前来求职的人，要一边做自我情况报告的录音，一边用小型的煮炉煮牛奶。

第一位求职者声称自己学习成绩优秀，而且有出色的社会活动能力。他在报告最后特意提到牛奶煮得很好。

第二位求职者的报告内容与第一个人相差无几，但他在报告的最后说，他不小心碰翻了煮炉，牛奶也煮煳了。

第三位的情况和前面两位不同。他说自己的学业很糟糕，而且社会组织活动能力不怎么样，但他的牛奶煮得相当棒。

第四位的自我报告和第三位相似，并且牛奶也煮得差劲。

史坦芬格认为，所有求职者都可以归于上述四类人之中，第一类人：十分完美，毫无欠缺；第二类人：非常完美，略有欠缺；第三类人：欠缺，有小长处；第四类人：毫无长处。

从表面上看，第一类人成功的概率应该最大，但现实的天平却常常倾向于第二类人。因为在现实生活中，一个十全十美、毫无缺点的人总会让别人感觉不好接近，难以信赖。而略有瑕疵的人则更加显得真实，让人容易接受。

修改液、橡皮擦的发明是为了什么？为的就是让你在犯了错误之后，能有机会改正。在销售工作中也是如此，不管你是销售达人还是新手，都不可能保证自己永远不犯错误。既然人人都会犯错误，那就不要讲“我以为”、“我认为”……不停地为自己辩解，而要学会说“我错了”。

约翰和丹尼尔新到一家速递公司，被分为工作搭档，他们工作一直都很认真努力。老板对他们很满意，然而一件事却改变了两个人的命运。一次，约翰和丹尼尔负责把一件大宗邮件送到码头。这个邮件很贵重，是一个古董，老板反复叮嘱他们要小心。到了码头约翰把邮件递给丹尼尔的时候，丹尼尔却没接住，邮包掉在了地上，古董碎了。

老板对他俩进行了严厉的批评。“老板，这不是我的错，是约翰不小心弄坏的。”丹尼尔趁着约翰不注意，偷偷来到老板办公室对老板说。老板平静地说：“谢谢你丹尼尔，我知道了。”随后，老板把约翰叫到了办公室。“约翰，到底怎么回事？”约翰就把事情的原委告诉了老板，最后约翰说：“这件事情是我们的失职，我愿意承担责任。”

约翰和丹尼尔一直等待处理的结果。老板把约翰和丹尼尔叫到了办公室，对他俩说：“其实，古董的主人已经看见了你俩在递接古董时的动作，他跟我说了他看见的事实。还有，我也看到了问题出现后你们两个人的反应。我决定，约翰，留下继续工作，用你赚的钱来偿还客户。丹尼尔，明天你不用来工作了。”

世界上没有不犯错误的人，只有不知道自己犯了错误的人。犯错误并不稀奇，只是有的人知道自己犯了错误，却不知如何去改正，那才是真正的悲哀。巴顿将军为此说过：“那些自以为是而不敢承认错误的人，一文不值，遇到这种军官，我会马上调换他的职务。

一个人一旦自以为是，不负责任，就会远离前线作战，这是一种典型的胆小鬼的表现。唯有负责任的人，才会为自己从事的事业心甘情愿地献身！”

布鲁斯·哈威是一家公司的财务员。有一次，一名员工休病假，布鲁斯做账时忽略了这一点，仍旧按平时给他发了全薪。他发现了这个错误，向那名员工解释必须纠正这个错误，要在他下次工资中减去多付的钱款。那位员工不同意这么做，说这样做会给他带来严重的财务问题，因而要求分期扣除他多领的钱款。如果按那位员工说的做，布鲁斯必须得到上级的批准，难度挺大，上级一定会不满。

布鲁斯考虑这一切混乱都是由于自己的疏忽引起的，必须向经理承认自己的错误。他走进了经理办公室，向经理说自己犯了一个错误，接着讲述了事情发生的经过。

经理听完后大发脾气，指责这是人事部门犯的错误，与布鲁斯无关，但布鲁斯仍旧说是自己犯的错。经理又责备这是会计部门的疏忽，布鲁斯还解释说是自己犯的错误。经理又责备办公室的两位同事，布鲁斯坚持说是自己的错误。最后经理说：“好吧，这是你的错误，现在把这个问题解决掉吧。”

布鲁斯顺利地按自己的想法解决了这个问题，自此之后，经理对他倍加重用。

一位营销界的名人曾这样说道：“我很希望我的下属都有承认错误的勇气。没有人不犯错，包括我自己在内，我不会因为谁犯个小错就全盘改变对他的看法，我比较看重的是，一个人面对错误的态度。”主动地承担自己的过错，表现出的是你的责任心。所以，一个有责任感的员工应时刻要求自己：责任面前没有任何借口。

史蒂芬是位美国小伙子，他在一家裁缝店学成出师后便来到得克萨斯州的一个城市开了一家自己的裁缝店。由于他做活认真，并且价格又便宜，很快就声名远扬，许多人慕名而来找他做衣服。有一天，风姿绰约的哈里斯太太让史蒂芬为她做一套晚礼服，然而等史蒂芬做完的时候，却发现袖子比哈里斯太太要求的长了半寸。但哈里斯太太马上就要来取这套晚礼服了，史蒂芬已经来不及修改衣服了。

哈里斯太太来到史蒂芬的店中，她穿上了晚礼服在镜子前照来照去，同时不住地称赞史蒂芬的手艺，于是她按说好的价格付钱给史蒂芬。没想到史蒂芬竟坚决拒绝。哈里斯太太非常纳闷。史蒂芬解释说："太太，我不能收您的钱。因为我把晚礼服的袖子做长了半寸。为此我很抱歉。如果您能再给我一点时间，我非常愿意把它修改到您需要的尺寸。"

听了史蒂芬的话后，哈里斯太太一再表示她对晚礼服很满意，她不介意那半寸。但不管哈里斯太太怎么说，史蒂芬无论如何也不肯收她的钱，最后哈里斯太太只好让步。

在去参加晚会的路上，哈里斯太太对丈夫说："史蒂芬以后一定会出名的，他勇于承认错误以及一丝不苟的工作态度让我震惊。"

哈里斯太太的话一点也没错。后来，史蒂芬果然成了一位世界闻名的服装设计大师。

俗话说："人有失手，马有失蹄。"作为一名销售员，在工作中多多少少都有犯错误的时候。很多销售员都认为，如果坦率地承认自己的错误，就会失去客户的信任。这种心理其实是推卸责任的表现。一个真正的成功者，一个真正优秀的销售员绝不会寻找任何解释与借口。寻找借口的人只能是那些平庸的员工。

坦率地承认自己的错误，勇敢地说"这是我的错"，会使客户对你的产品产生信心，并对你的人格刮目相看。

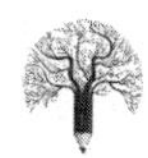